البداية السريعة – المجلد الثاني
الطبعة العربية

التلمذة المسيحية الخاصة بك

د. بول م. رينهارد

من دار النشر
سان برناردينو

حقوق الطبع والنشر والإذن
:بواسطة

الدكتور بول م. راينهارد

حقوق الطبع والنشر ٢٠١٥

يتم منح إذن الاقتباس
للكنيسة أو لاستخدام مجموعة صغيرة
التدريبات الفردية والأسئلة
ويمكن أن تستخدم من قبل الكنائس، والمصليات، والمجموعات الصغيرة
نسخ واستخدام الجلسات الكاملة بموافقة خطية من الكاتب

PAULMREINHARD@GMAIL.COM
موبيل: ٩٠٩-٨٥٥-٩٦٩٥

الكتاب المقدس مأخوذ من الكتاب المقدس الأمريكي "الجديد"
حقوق الطبع والنشر
١٩٥٥,١٩٧٧,١٩٧٥,١٩٧٣,١٩٧٢,١٩٧١,١٩٦٨,١٩٦٣,١٩٦٢,١٩٦٠
يستخدم بإذن من مؤسسة لوكمان.

يتم أخذ اقتباسات الكتاب المقدس من الكتاب المقدس ترجمة المعيشة الجديدة
حقوق الطبع والنشر © ١٩٩٦, ٢٠٠٤, ٢٠٠٧, ٢٠١٣, ٢٠١٥ بواسطة مؤسسة
.تينديل للنشر
تستخدم بإذن من دار النشر تينديل، وشركة،
.كارول ستريم، إلينوي ٦٠١٨٨. جميع الحقوق محفوظة
.اقتباسات الكتاب المقدس من نسخة الملك جيمس ١٦١١
.الكتاب المقدس مأخوذ من الرسالة"
حقوق الطبع والنشر.© ١٩٩٣, ١٩٩٤, ١٩٩٥, ١٩٩٦, ٢٠٠٠, ٢٠٠١, ٢٠٠٢
" .تستخدم بإذن من مجموعة نافبرس للنشر
الأعمال الفنية للغلاف بترخيص من
Istockphoto.com

طبعة اكتوبر ٢٠١٦

ولادة البداية السريعة

في يديك كتاب فريد من نوعه. ليس هناك شيء آخر مثله. كان القس بول يجلس في مطعم جورج في كولتون، كاليفورنيا. قال له صديقه فرانك: "إذن، ماذا ستكتب؟" فرانك كان يعرف أن بول كان يفكر في هذا السؤال ويصلي لعدة أشهر.

كان بول في برنامج د. مين. في كلية البوابة الذهبية وكان يفكر في قيادة ومراقبة التلمذة. معظم الكنائس ليس لديها تاريخ جيد في التوجيه السليم للمؤمنين الجدد. إنه جزء مهم جدا من عملية التلمذة. فكر بول وصلى في الموضوعات والكتب المقدسة التي ساعدته على العثور على المسيح والنمو في إيمانه. فكر في العملية العشوائية التي اتبعها على مدى سنوات عديدة

عندما ذهب فرانك إلى المائدة للطعام، أخرج بول قلم ونوتة صفراء اللون من الطراز القديم. وكتب. الانفصال بدأ في الحديقة، والمسيح أتم الصلح على الصليب، والحل: خطوتنا الأولى من الطاعة هي المعمودية، وهي الاستحمام. عندما نخرج من الماء نتلقى الروح القدس، وهو السلطة. إذا كان المؤمن يريد أن يعرف وينمو فهو يحتاج إلى دراسة كلمة الله، وهي السيف. وكلما تنمو في الإيمان تصبح الصلاة أساسا، لان الصلاة هي طريقة الاتصال. وعند هذه النقطة عاد فرانك مع وجبة الإفطار وقال بول، "لا تتحدث" فرانك ابتسم وأكل

الله يدعو جميع أبنائه لخدمة الدعوة. إذا كنت تريد أن تخدم في جسد المسيح تحتاج لأدوات، وهي المعدات. إذا أعطانا الله الهدايا علينا أن نستخدمها، للخدمة. لدى يسوع خطة مهمة للوصول إلى العالم، فمن الضروري أن ننفذ خطة الله بطريقة الله. إذا كنا عازمون على خدمة الله ونصبح رسلا يجب أن نعرف كيفية التصرف، ما يجب وما لا يجب علينا فعله. الله يدعو القادة والمعلمين والمشرفين للتمسك بالمثل العليا ولذلك من الضروري ان نفهم المهمة.

المؤمنين يجب أن يعرفوا كيف تبدو الحياة الكنسية صحيحة، وهي الجسد. أخيرا وليس آخرا شعب الله بحاجة إلى أسس الكتاب المقدس للمجموعات الكبيرة، مجموعات صغيرة، والاشراف على هذا النموذج

كان فرانك ينهي وجبة الإفطار وكان طعام بول جالسا هناك باردا. وقد بدأ مخطط عمل البداية السريعة. وكان الوقت المكثف من الصلاة والإعداد أخيرا على الورق. كتب بول جلسات البداية السريعة، بشر بهم، واستخدمها أخيرا كأساس لمشروع الدكتوراه: تدريب المدربين لاستخدام مناهج البداية السريعة في النقطة الشمالية للمجموعة المسيحية.

صلاة بول هي للمشرفين والمشرف عليهم والمجموعات الصغيرة، والكنائس لفتح قلوبهم لله ولبعضهم. التأمل بعمق في كلمة الله الثمينة. صلاته هي أن يتم إنقاذ النفوس، وتغيير حياتهم، وزيادة الإيمان، وتتكسر السلاسل، وكثر الرسل، وتنمية قادة للمملكة. وهو يعلم أن هذا سوف يتطلب أكثر من البداية السريعة، ولكن كل رحلة يجب أن يكون لها خطوة أولى! المؤمنون الجدد

بحاجة إلى رحلة منطقية من الاكتشاف الروحي. نحن بحاجة إلى جذور قبل أن نتمكن من الإزهار.
بارك الله رحلتك

مرحبا بكم في البداية السريعة
لرحلتك مع يسوع

كيف يمكنك الالتحاق بكنيسة جديدة؟
كيف تكتشف أساسيات الإيمان المسيحي؟
كيف تبدأ عملية التحضير للخدمة المسيحية والقيادة؟

أنت على وشك أن تبدأ رحلة ستة عشر أسبوعا من شأنها أن تبدأ حياتك الروحية بسرعة. إذا كنت جديدا على الإيمان المسيحي، فهذا هو مكان عظيم للبدء. سوف تغطي أساسيات الايمان. إذا كنت جديدا على حياة الكنيسة فهذا سوف تعطيك إحساسا شديدا برسالة الله وطرقة. إذا كنت على استعداد للمشاركة في الخدمة أو القيادة فهذا سوف يدعوك، ويتحداك، ويجهزك للمعرفة والنمو، وبداية الخدمة. هناك شيء لكل واحد.

أنت في طريقك لتجربة ستة عشر موضوعات مثيرة. طوال الأسبوع سوف تقرأ الكتاب المقدس، الإجابة على أسئلة التفكير، وحفظ أساسيات الكتاب المقدس. ثم سوف تجتمع مع مرشدك أو مجموعة صغيرة لتشارك بما أرشدك الله لمعرفته. هذا هو وقت التعمق في المعرفة. هذا هو وقت المشاركة، الأسئلة، الصلاة، البكاء، الضحك والنمو. هذا هو وقتك الخاص للمقابلة مع الله ومع الناس اللذين يحبونك.

عندما تبدأ رحلتك السريعة يظل الهدف النهائي في الاعتبار. أدعو أن تكون في طريقك إلى أن تصبح روحك نشيطة وملتزمة بالكامل الروح الناجحة تصنع الرسل وأتباع المسيح! أريد مساعدتك لمقابلة ومعرفة وخدمة وإتباع المسيح والنمو فيه، عندما تسلم ذاتك للمسيح سوف يكشف لك الهدايا الروحية الخاصة بك والدعوة داخل جسد المسيح والعالم. استخدم تلك الهدايا لمجده.

وأعتقد أن يسوع المسيح يدعو جميع تلاميذه إلى صنع التلاميذ. أتباع المسيح يدعون الآخرين إلى اتباع المسيح. هذه العملية المدهشة موجودة من آلاف السنين. يرسل الله الناس إلى حياتنا لتشجيع نمونا الروحي ومن ثم يستخدمنا للمساعدة في تشجيع الآخرين في نموهم الروحي. الكنيسة الأمريكية الحديثة تصلي والمجموعات الصغيرة تتبعها. أدعو أن هذه البداية السريعة تملأ الفراغ في عملية التلمذة وتشعل النار في كل قلوبنا.

طول الطريق سوف أشجعكم على التواصل مع احتفالات الكنيسة المحلية ومجموعة الحياة. أعتقد أننا نعبد معا في هذه الاحتفالات. نحن نعيش معا في مجموعة الحياة. نحن ننمو ونتعمق في التوجيه. لا تتمسك بالأسماء التي أسميها. الشيء المهم هو الكتاب المقدس الذي سوف ندرسه لهم.

أنا متحمس لأن الله جمعنا معا. كل واحد منا أخطأ وتم إنقاذه بالنعمة. نحن حجاج على طريق الرب السريع. لم يصل أي منا بعد. كما أن أي منا ليس لديه كل الأجوبة. ومع ذلك، يجب أن نحب التفكير في الأسئلة. شكرا لكم على السماح لي بمناقشة البداية السريعة معكم. أنا أحبكم وأصلى من أجلكم.

كيف تبدأ
البداية السريعة لتدريب المشرفين
في كنيستك:

إذا كنت ترغب في جدولة البداية السريعة
لتدريب المشرفين في كنيستك أو منظمتك
يرجى الاتصال بالقس بول.

بول أيضا متاح للتبشير،
الوعظ، وتدريب المجموعات الصغيرة.

بول هو قسيس كنيسة النقطة الشمالية المسيحية
في سان برناردينو، كاليفورنيا لمدة واحد وعشرين عاما.

نجا من الانقسام الرهيب ونجح في توحيده،
تغيير الاسم، تغيير دستور مجلس الإدارة،
وحريق متعمد ومكلف جدا، وإعادة بناء الكنيسة،
شركة التأمين المفلسة، حملة صناديق رأس المال،
ست سنوات من الإعداد والهدم في فندق صغير
بول يحب تدريب الرعاة والكنائس الذين يجابهون
التجارب، والتحولات، ورؤية الموسم المقبل للخدمة.

يمكن أن يكون مشجعا للتفكير وجاد في التدريب.
القساوسة الذين خدموا في القوات الخاصة يميلون للتفكير بهذه الطريقة!

تلفن / أو تراسل:
١-٩٠٩-٨٥٥-٩٦٩٥

البريد الإلكتروني:
PAULMREINHARD@GMAIL.COM

دليل دورة البداية السريعة

المقدمة:
كل أسبوع ونحن سوف أعرض الدورة وأعرفك بالموضوع الذي سوف ندرسه. البداية السريعة تعتزم مساعدة الذي يريد أن يصبح مسيحيا، والمسيحي ليصبح عضوا نشطا في الكنيسة، وعضو الكنيسة النشط ليصبح روحا ناجحة لجذب أتباعا جدد للمسيح. أصلى أن تكون هذه الدراسة خطوة رئيسية في طريق تنمية وتجهيز القادة لجذب المدن شخصا بعد شخص لإتباع يسوع.

الآية الرئيسية:
كلمة الله هي حية ونشطة. هي سيفنا. لديها القدرة على توبيخ، وتصحيح، وتعليم، وتدريب خادم الرب. كل أسبوع سوف تقضى بعض الوقت في قراءة الكتاب المقدس. تبدأ الجلسات بموضوع، ولكنها تتعدى الكلمة. السماح لبعض الوقت لقراءة الكلمة. التأمل على الكلمة. التمتع بالكلمة. التفكير في الكلمة. وعندما تخترق كلمة الله كيانك سوف تجد عقلك، وروحك، تبدأ في التغير. الكلمة سوف تحولك من العالم، إلى المسيح. وسوف تقطع سلاسل الماضي وتجهزك لمستقبلك الباهر.

كل أسبوع ستكون هناك اية رئيسية للحفظ والتأمل. وهذه الآية ستكون محور المناقشة. سنقضي بعض الوقت كل يوم لمناقشة الآية الرئيسة. وهذا سيسمح لموضوع الأسبوع للعمل في روحك وإثارة تفكيرك.

الدرس:
خلال الدرس، سوف تفحص الكتب التي تدور حول موضوع الأسبوع. سوف يكون هناك بعض التعليق، بعض المشاركة، وبعض القصص. في الغالب، ستكون هناك أسئلة لترشدك إلى معرفة معنى الكتاب المقدس الثمين. وهذه لن تكون دراسات شاملة للكتاب المقدس. هذه عملية تستمر على مدى الحياة. هذه هي أجزاء من الكتاب المقدس التي وجدها العديد من القادة المسيحيين مفيدة بشكل فريد في بداية رحلتهم الروحية. قد يكون هذا عرض، أو مقدمة لحياة طويلة في دراسة مثيرة للكتاب المقدس!

استنتاج:
هنا سوف تجد بعض الأفكار الختامية والصعبة. رغبتنا من كل دورة هي فتح تفكيرك حول مفهوم رئيسي في الإيمان المسيحي الخاص بك. على مدى الأسابيع سوف نبني على ما تعلمته وتذهب أعمق في تفهمك لما تعنيه المعيشة والخدمة، والقيادة كمسيحي. التعليم هو الخطوة الأولى لإثارة الرغبة لتصبح خادما. أنا أرجو أن تصبح مرشدا لخدمة المسيح.

مقدمة لبداية رحلتك مع المسيح
المجلد الأول

١ـ ماذا أراد الله لك أن تكون وأن تفعل؟ وما الذي حدث وأدى لهذه الفوضى؟

٢ـ آدم وحواء فقدوا الحياة، ولكن يسوع المسيح منحهم الحياة مرة أخرى.

٣ـ الاستحمام يؤدى للنظافة! المعمودية هي الإعلان العام عن حياتك الجديدة في يسوع المسيح.

٤ـ لقد أعطاك الله مصدرا مدهشا للسلطة والتعليم والراحة. من هو الروح القدس، وما هو الجزء الذي يلعبه في حياتك؟

٥ـ هناك أعداء للمسيحيين. أنت جندي في معركة. أعطاك الله سلاحا قويا جدا. جرب استخدام سيف الروح، التي هي كلمة الله.

٦ـ الصلاة هي الهاتف المحمول الأصلي. إلهنا لن يسقط المكالمة أبدا.

٧ـ الله لديه عمل على أطفاله القيام به. منهو الذي يدعوه الرب؟ من هو الذي سوف يستخدمه الرب؟ ما هو العمل الذي يريدك الله أن تفعل؟

٨ـ أنت تحتاج أدوات لهذا المنصب. لقد أعطى الله كل واحد من أولاده هدية روحية رهيبة، وموهبة، وقدرة. ما هي الهدايا التي يمكن أن يعطيك الله لإنجاز العمل الفريد الذي أعده لك؟

مقدمة لبداية خدمتك المسيحية
المجلد الثاني

٩ - لأننا أبناء الله، ولأنه قد أعطى لنا عمل للقيام به، الله سوف يعطينا الموارد لاستخدامها نيابة عنه. عندما نرى أنفسنا كخط أنابيب حقيقي من الله إلى العالم ستتغير رؤيتنا لوقتنا على الأرض، وموهبتنا، وكنزنا.

١٠ - الله يدعونا لنشر أخباره السارة في العالم. نبدأ هذه العملية مع المقربين إلينا [دائرة التأثير المباشر]. أنت تتعامل بالفعل مع ما بين ٨ إلى ١٥ شخصا كل أسبوع. الله يريد الوصول إليهم من خلالكم.

١١ - يسوع دعا أتباعه تلاميذا. وعلم تلاميذه لدعوة تلاميذ جدد. نحن في تلك الدائرة الأزلية. كيف نجعلها تستمر للأبد؟

١٢ - ما هي الأشياء المناسبة للمسيحيين؟

١٣ - ما هي الأشياء التي أوصى الله المسيحيين أن يتجنبوها؟

١٤ - الشخصية الحسنة هي شرط أساسي للقادة المسيحيين. ما هو معيار الله لقادته؟ ماذا نرى في قائد الله؟ ماذا تكلفنا الشخصية السيئة؟

١٥ - الله يرحب بك في عائلته عندما تصبح مسيحيا. كيف نعمل معا في جسده المقدس، وفى الكنيسة؟

١٦ - الدرس الأخير في البداية السريعة سوف يحدد دورك في المجموعات الكبيرة، والمجموعات الصغيرة، والتوجيه في قصة الكتاب المقدس. يمكن للكنائس أن تسمي هذه الأجزاء من الخدمة بأسماء مختلفة. ولكن معظم الخدمات الصحية النمو لديها الثلاثة أجزاء كلها.

شكرا:

أنا متردد في القول شكرا لأن الكثير من الناس ساعدوني في رحلة حياتي حتى الآن. يزعجني ترك أي شخص. لذلك، لجميع الذين كانوا جزءا من رحلتي، أرجو قبول الشكر المتواضع لكم.

لزوجتي العزيزة كارين، أقول شكرا جزيلا لك. كنت ارتددت لقد رحلت من توجونجا، إلى جليندل، إلى سن لاند، إلى فريزنو، إلى نيوجيرسي وسان برناردينو. قمت بمساعدتي في المدرسة وفعلت كل شيء لمساعدتي في الخدمة. في وقت معظم النساء يستعدون للتقاعد أنت سمحت لي أن أستعد وأحصل على الدكتوراه. إنجاز البداية السريعة ام يكن ممكنا لولا استعدادك المذهل لمواصلة العمل معي. أنا أحبك، أنت شرف لي، وشكرا لك. الأفضل لم يأت بعد.
لأولادي المحبين الله والذين تركوا أصدقائهم في فريزنو. لن أنسى أبدا الليلة عندما نظرتم إلى عبر طاولة المطبخ، وقلتم: "إذا كان الله يدعوك إلى المدرسة في فيلادلفيا يجب أن تذهب، ونحن سوف نذهب أيضا!" والأب لا يريد أكثر من ذلك. زواجاتكم وأطفالكم يحبون ويخدمون يسوع. أنا فخور جدا بكم جميعا!

إلى والدتي وأبي وأختي، وعائلة جليندل أقول شكرا لكم. لقد علمتموني كيف تكون الأسرة. كل عيد ميلاد، عيد الأم، عيد الأب، والعطلات. كنتم دائما تظهرون محبتكم لي وعرفتموني أن مكاني على مائدة الطعام محفوظ لي دائما.

إلى معسكر فوكس، السيد ستيوارت، وقائد فورت براج، والقس ستيفنسون أقول شكرا لكم على كل ما قولتم لي عن يسوع. الدكتور ديفيد براون، الدكتور هوارد تايلور، الدكتور بروس بالويان، والدكتور رالف الجار الابن أشكركم على صبركم، والمثابرة، والإيمان بي بينما كنت في بعض الأحيان طالبا مزعجا أثير المشاكل. إلى مايكل وايز الذي أرسل للتو نسخة من البداية السريعة إلى الكونغو للترجمة السواحلية، ماذا يمكنني أن أقول؟ انت اخي. شكرا لك، ليزلي، دارلا، تراسي، وجون شكرا للتأكد من صحة ما كتبت.

إلى أسرة النقطة الشمالية التي ساعدتني في النضال للحصول على الدكتوراه والتأكد من صحة رسالة البداية السريعة أنا أحبكم جميعا وأشكركم كثيرا. استعدادكم لتشجيعي لا يمكن وصفه بكلمات. كانت خطة الله أن يعطيني أجنحة.

وأخيرا ولكن بالتأكيد ليس آخرا هو فريق تكساس من المدققين، والمشجعين، والمستجوبين، والمصلين بحرارة الصلاة. بيري، ديلا، بات، ستان، فرانك، دارلا، تراسي، كارين، تيري وجميع أطفالكم. أنا أحبكم وأنا فخور بأن أكون واحد منكم، بول ألتون سانديفر.

وإلى كل الذين سيقضون الوقت مع البداية السريعة، والتعليم، وكلمة الله، أدعو لكم بالبركة. أدعو الله يبنيكم، يرسلكم، يشفي قلوبكم، يملأ عقلكم، ويستخدمكم لمجده بطرق جديدة ومدهشة! لتكن البداية السريعة كحبة خردل في يد الله. باسم يسوع القوي، آمين!

البداية السريعة – درس ٩

"المشرف"

مقدمة:
فكر في كل الأشياء تحت تأثيرك. تخيل سيارتك، منزلك، وحساباتك المصرفي. بالإضافة للزوج والأطفال إذا كان لديك. فكر في وظيفتك، وخدمتك، وهواياتك. في الواقع، خذ كل شيء تحت سيطرتك وضعه في كومة خيالية كبيرة. الآن اطرح السؤال الرئيسي: هل أنت المالك أو الوكيل؟ هل كل هذا يخصك؟ أو، هل تديره لآخر؟ هذا الأسبوع سنقضي الوقت في استكشاف الآثار المترتبة على هذا السؤال!

آيات رئيسية للحفظ والتأمل: لوقا ١٦: ١٠-١١

إِنَّ الأَمِينَ فِي الْقَلِيلِ أَمِينٌ أَيْضاً فِي الْكَثِيرِ، وَالْخَائِنَ فِي الْقَلِيلِ خَائِنٌ أَيْضاً فِي الْكَثِيرِ

فَإِنْ لَمْ تَكُونُوا أُمَنَاءَ فِي مَالِ الظُّلْمِ، فَمَنْ يَأْتَمِنُكُمْ عَلَى مَالِ الْحَقِّ؟

درس:

إن آياتنا الرئيسية تضع تحديًا واضحًا في كلمات ربنا يسوع. الإخلاص والأمانة في الأشياء الصغيرة هي خطوات إلى أشياء أكبر. الأشياء الدنيوية هي نقطة انطلاق إلى الأشياء السماوية. كيفية التعامل مع الممتلكات، والموقف الذي لدينا تجاههم، سيساعد في تحديد فعاليتنا الروحية في ملكوت الله.

هناك كثير من الأفكار حول المال في الكنيسة المسيحية اليوم. لقد عاشت الأم تيريزا بلا شيء، بينما كان هناك قساوسة أمريكيون معروفون ومتعددو الملايين. في عام ٢٠١٤، عاش البابا فرنسيس في شقة متواضعة بينما كان الأسقف الألماني يبني منزلا تكلف ٤٣٠٠٠٠٠٠ يورو. أنا في الوسط. لست غنيا بالمعايير الأمريكية ولا أعيش في فقر بأغلبية المعايير العالمية. أتحدث مع الله بشكل منتظم عن مقدار ما يكفي وما هو أكثر من اللازم. أرجو أن تساعدنا هذه الجلسة جميعًا في رحلتنا ونستمر في البحث عن إرادة الله لإشرافنا على موارده!

صلاة:

يا رب، أضع حياتي المالية على قدميك. أفتح قلبي وأطلب منك أن تأتي وأن تكون معلمي. اجعلني خالي من تعاليم وتقاليد الماضي. اكسر الرهبة المالية لأساليب العالم في روحي واجعلني حر في اتباعك. أرني كيف تبدو القيادة المسيحية الحقيقية! ثم دعني أمارسها باسم يسوع، آمين

١. فكر في عائلتك الأصلية. أجب عن الأسئلة التالية استنادًا إلى الخبرات والتدريب الذي حصلت عليه في حياتك

أ. هل تحدثت عائلتك بصراحة عن المال، أم أنها موضوع سري؟

ب. هل تعتبر عائلتك نفسها ملاكًا أو مشرفًا؟ لما ولما لا؟

المالك

"كل هذه الأشياء التي كسبتها بنفسي هي لي!"

المشرف

الشخص الذي يدير الشؤون أو الممتلكات لآخر.

"كل هذا ينتمي إلى مديري!"

ت. هل تعاملت أسرتك مع الكتاب المقدس كدليل مالي خاص بهم؟

ث. هل هناك فلسفة أخرى، أو شخص، أو تعليم يوجه قراراتهم المالية؟

---

٢. الآن، فكر في هذا اليوم. أجب على هذه الأسئلة بناء على مشاعرك وممارساتك والتزاماتك الحالية.

أ. عندما يتعلق الأمر بالممتلكات والموارد هل ترى نفسك كمالك أو مشرف؟

ب. على مقياس من ١ إلى ١٠، ١٠ تعني دائمًا و ١ يعني لا يتم أبدًا،

كم عدد المرات التي تؤثر مبادئ الإنجيل على طريقة تصرفاتك في الأموال والممتلكات

٣. أبدأ بالكلام الذي أعطاك الرب من خلال موسي

أ. ما الذي يقوله تثنية ٨: ١١-٢٠ عن المصدر الحقيقي للثروة؟

ب. ماذا كان التحذير؟

ت. كيف يتزامن هذا مع الكثير من التفكير العربي الحديث حول المال والممتلكات؟

4. لمن ينتمي جسدك؟ 1 كورنثوس ٦: ١٩-٢٠

5. ماذا عن وقتك؟
أ. خروج ٢٠: ٨-١١

ب. ما الذي فعله التلاميذ في لوقا ٥: ١٠-١١؟

ت. كم مرة تعكس حياتنا إرادة الله؟ كولوسي ١: ١٠

6. يعطى يسوع حديثًا مركزا جدا حول ما يجب أن يبدو عليه المدير المؤمن أو الوكيل أو الخادم. يتحدث عن المكافآت أو العقاب عن عمل جيد، أو عمل لم يتم القيام به. استمع إلى يسوع في لوقا ١٢: ٤٢-٤٨.

أ. كيف يتعامل السيد مع الخادم الأمين؟

ب. كيف يتعامل السيد مع الخادم الغير أمين؟

ت. أميركا واحدة من أغنى الدول وأكثرها تعلماً وأفضلها تعليماً على الإطلاق. لدينا المزيد من المال والحرية والمعلومات والفرص من أي شخص آخر في العالم تقريبًا. لدينا القدرة للحصول على المعرفة والتدريب للكتاب المقدس على مدار الساعة أكثر من أي جيل عاش على الإطلاق. كأمريكي، أنت حر في مشاركة الإنجيل في أي مكان تقريبًا. أنت حر في العبادة. يمكنك الذهاب كمبشر إلى أي أرض تسمح لك بالدخول. برأيك، ما الذي يتوقعه يسوع منك في ضوء مواهبه الغير عادية لك؟

9-4

فكر:
خلال العهد القديم استخدم الله العشر كمستوى دخول للعبادة. نجد العشر من سفر التكوين إلى ملاخي. أعتقد أن مبدأ إعطاء عبادة الله ودعم عمله يعمل في العهد الجديد ومع ذلك، يجب أن نكون حذرين لعدم تطبيق قانون العهد القديم على المؤمنين في العهد الجديد. من السهل جدًا الاختيار من العهد القديم. المشكلة هي أن شخصًا سيختار جزءًا من القانون ليطبقه عليك، وشخص آخر سيختار ما يحبذه من القانون ليضعه عليك. أننا لا نعمل بهذه الطريقة. نحن إما بموجب القانون، أو نحن تحت نعمة العهد الجديد. أنا أؤيد النعمة بشدة. تأمل هذا المنظور من خلال تعليق الكتاب المقدس:

"مرة أخرى، أود أن أذكركم بأننا لسنا تحت نظام العشر اليوم.
هناك العديد من المؤمنين المتواضعين ذوي الدخل القليل جدا
لمن سيكون العشر أكثر من أن يعطي.
هناك آخرون الذين باركهم الله بهذه الطريقة الرائعة
أنه يمكن بسهولة أن يعطوا بقدر ما تسمح الحكومة بالخصم من الضرائب. هناك أولئك الذين لديهم
دخل يمكنهم أن يعطوه للرب، لكننا نجد قلة قليلة من الذين يقدمون مثل هذا.
العشر هو بالتأكيد معيار يمكن بواسطته قياس نفسك
لكنني لا أعتقد أنه قانوني أو ملزم على الإطلاق. "
جي فيرنون ماكجي.

7. يعجبني ما شاركه جي فيرنون ماكجي. المؤمنون في العهد الجديد لا يخضعون لقانون العهد القديم. الحمد لله أننا قد تحررنا ونعيش تحت عهد النعمة. ومع ذلك، فإن قصص العهد القديم هناك لتعليمنا. لا تنسى مبدأ العشر والبركات المرتبطة بها والتي تعمل في جميع أنحاء العهد القديم. إذا سألنا أنفسنا، "ماذا يمكنني أن أعطي؟" بدلاً من "ماذا يجب أن أعطي؟"، سيضع قلبنا وعقلنا في المكان المناسب للعطاء بحرية لعمل الله في العالم.

سفر التكوين ١٤:٢٠
وَتَبَارَكَ اللهُ الْعَلِيُّ الَّذِي دَفَعَ أَعْدَاءَكَ إِلَى يَدَيْكَ». فَأَعْطَاهُ أَبْرَامُ عُشْرَ الْغَنَائِمِ كُلِّهَا

تكوين ٢٨: ٢٠-٢٢

وَنَذَرَ يَعْقُوبُ نَذْراً قَائِلاً: «إِنْ كَانَ اللهُ مَعِي، وَرَعَانِي فِي هَذِهِ الطَّرِيقِ الَّتِي أَنَا
أَسِيرُ فِيهَا وَوَفَّرَ لِي طَعَاماً لآكُلَ وَثِيَاباً لأَلْبَسَ،
وَعُدْتُ بِسَلاَمٍ إِلَى بَيْتِ أَبِي، عِنْدَئِذٍ يَكُونُ الرَّبُّ إِلَهاً لِي
وَيَكُونُ هَذَا الْحَجَرُ الَّذِي نَصَبْتُهُ عَمُوداً بَيْتاً لِلهِ، وَأَدْفَعُ عُشْرَ كُلِّ مَا تَرْزُقُنِي بِهِ

أ. ما المبدأ الذي تراه في عمل أبرام ويعقوب؟

____

____

____

____

ب. شعب الله عصوا دعوة الرب للعشر. النبي ملاخي يعطي رسالة الله لشعبه. التوبيخ اللاذع يتدحرج عبر القرون إلينا!

ملاخي ٣: ٦ - ١٢

فَإِنِّي أَنَا الرَّبُّ لاَ أَتَغَيَّرُ، لِذَلِكَ أَنْتُمْ أَيْضاً لَمْ تَفْنَوْا يَا أَبْنَاءَ يَعْقُوبَ
إِنَّ شَأْنَكُمْ كَشَأْنِ آبَائِكُمْ. ابْتَعَدْتُمْ عَنْ فَرَائِضِي وَلَمْ تُطِيعُوهَا. ارْجِعُوا إِلَيَّ فَأَرْجِعَ إِلَيْكُمْ، يَقُولُ الرَّبُّ الْقَدِيرُ، وَلَكِنَّكُمْ تَسْأَلُونَ كَيْفَ نَرْجِعُ؟
أَيَسْلُبُ الإِنْسَانُ اللهَ؟ لَقَدْ سَلَبْتُمُونِي! وَتَسْأَلُونَ: بِمَاذَا سَلَبْنَاكَ؟ فِي الْعُشُورِ وَالْقَرَابِينِ .أَنْتُمْ، بَلِ الأُمَّةُ كُلُّهَا، تَحْتَ اللَّعْنَةِ لأَنَّكُمْ سَلَبْتُمُونِي
هَاتُوا الْعُشُورَ جَمِيعَهَا إِلَى بَيْتِ الْخَزِينَةِ لِيَتَوافَرَ فِي هَيْكَلِي طَعَامٌ، وَاخْتَبِرُونِي لِتَرَوْا إِنْ كُنْتُ لاَ أَفْتَحُ .كُوَى السَّمَاءِ وَأُفِيضُ عَلَيْكُمْ بَرَكَةً وَفِيرَةً، يَقُولُ الرَّبُّ الْقَدِيرُ
وَأَكُفُّ عَنْكُمْ أَذَى الْجَرَادِ الْمُلْتَهِمِ، فَلاَ يُتْلِفُ لَكُمْ غَلاَّتِ الأَرْضِ، وَلاَ تُصَابُ كُرُومُكُمْ بِالْعُقْمِ، يَقُولُ الرَّبُّ .الْقَدِيرُ
.عِنْدَئِذٍ تَدْعُوكُمْ جَمِيعُ الشُّعُوبِ «بِالأُمَّةِ الْمُبَارَكَةِ» لأَنَّ أَرْضَكُمْ تَكُونُ أَرْضَ بَهْجَةٍ، يَقُولُ الرَّبُّ الْقَدِيرُ

فكر:
نحن الأمريكيون نعيش في أغنى دولة كانت موجودة في يوم من الأيام. معظمنا لديه طعام، ملابس، رعاية صحية، هواتف محمولة، وسائل نقل، ألعاب، وسكن. لا يوجد عذر لعدم تكريس جزء من دخلنا لعمل الرب.

ت. قارن العهود التي صنعها يعقوب في تكوين ٢٨: ٢٠-٢٢ إلى التهمة التي يحملها الله ضد أحفاده في ملاخي ٣: ٨. ما هي المشكلة؟

ث. انظر إلى التحدي الذي يعطيه الله لشعبه في ملاخي 3: 10. هل يمكنك التفكير في أي مكان آخر في الكتاب المقدس حيث دعا الله الناس ليختبروه هكذا؟

د. ماذا يقول الله سيكون نتيجة لطاعتنا؟ ملاخي ٣: ١١-١٢

٨. يسوع يردد مبدأ يدير كل شيء من خلال الكتاب المقدس. تأمل في الآيات التالية. ضع في اعتبارك أننا نتعلم مبادئ من العهد القديم خاصة عندما يشير يسوع إليهم. دع الله يوجهك ويطالبك في هذا المجال من العطاء دون أن تكون قانونيًا مع نفسك أو مع الآخرين. في بعض الأحيان يكون أصعب شيء بالنسبة للقس هو إخبار الناس أن البذور التي يزرعونها سوف تنمو وتغذي بركات الله. أو أن أنانيتهم ستعود إلى لدغهم. نحن لا نعطيها لنأخذ؛ نحن نعطي للعبادة، والثناء، ونشكر الرب. لكن يسوع وعد بأن الأمور ستعود إلينا بالتناسب مع طريقة إعطائنا لهم. هناك مبدأ كوني غير قابل للكسر في البذر والحصاد. يحدث كل ربيع وخريف في جميع أنحاء العالم. البركة واللعنة تسيران يدا بيد. لا تفوتهم. أكثر من ذلك في الصفحة التالية عندما يردد يسوع نفسه هذا المبدأ من العهد القديم.

سفر الأمثال ١١: ٢٤-٢٦

قَدْ يَسْخُو الْمَرْءُ بِمَا عِنْدَهُ فَيَزْدَادُ غِنًى وَيَبْخَلُ آخَرُ بِمَا عَلَيْهِ أَنْ يَسْخُوَ بِهِ فَيَفْتَقِرُ
النَّفْسُ السَّخِيَّةُ تَزْدَادُ ثَرَاءً، وَالْمُرْوِي يُرْوَى أَيْضاً.
يَلْعَنُ الشَّعْبُ مُحْتَكِرَ الْحِنْطَةِ، وَتَحُلُّ الْبَرَكَةُ عَلَى رَأْسِ مَنْ يَبِيعُهَا.

لوقا ٦:٣٨

أَعْطُوا، تُعْطَوْا: فَإِنَّكُمْ تُعْطَوْنَ فِي أَحْضَانِكُمْ كَيْلاً جَيِّداً مُلَبَّداً مَهْزُوزاً فَائِضاً، لأَنَّهُ بِالْكَيْلِ الَّذِي بِهِ تَكِيلُونَ، يُكَالُ لَكُمْ

هل أنت مؤمن وتمارس الإيمان
ما الذي يحثك الكتاب المقدس بوضوح أن تعمل؟

نعم   لا   أحاول

لماذا ولما لا؟ لماذا نزرع البذور الصغيرة وننسى حصاد الله

_____
_____
_____
_____

٩. يعطينا بولس صورة رائعة لهذا المبدأ في العمل في الكنيسة في كورنثوس الثانية ٩: ٦-١٥. يقوم الرسول بجمع المال من أجل المساعدة في القدس. إنه يدعو المؤمنين لإعداد عطائهم، ويعطيهم الأسباب التي تجعلهم يشاركون!

أ. هل ترى العطاء كبذور للمستقبل؟

تذكر هذا - فالمزارع الذي يزرع بذورًا قليلة فقط سيحصل على محصول صغير. لكن الشخص الذي يزرع بسخاء سيحصل على محصول سخي.

_____
_____
_____
_____

هذا المبدأ ينطبق على كل شيء. الذهاب إلى المدرسة، الاستثمار في عمل تجاري جديد، ارتداء الملابس المناسبة لأول موعد وترك بقشيش جيد حيث تأكل عادة.

[9-8]

ب. ما الذي يقوله بولس عن موقفنا في العطاء؟ ماذا يحب الله؟

يجب أن تقرر في قلبك كم للعطاء.
ولا تعطي على مضض أو ردا على الضغوط.
"لأن الله يحب الشخص الذي يعطي بسرور"

ت. مرة أخرى تذكروا تثنية ٨: ١١-٢٠ والآيات عن الله كونها مصدر ثروتنا. هل بولس الفريسي المدروس جيداً يطبق نفس المبدأ؟ كيف؟

وَالرَّبُّ يزودك بكُلَّ مَا تَحتاجُهُ بسخاء.
ثم سيكون لديك دائما كل ما تحتاجه
ويبقي الكثير لمشاركته مع الآخرين.

الكتاب المقدس يقول،
"إنهم يشاركون بحرية ويعطون بسخاء للفقراء.
أعمالهم الصالحة سوف يتم تذكرها إلى الأبد ".
لأَنَّ اللهَ هُوَ الَّذِي يُزَوِّدُ الْبَذْرَ لِلْمُزَارِعِ
ثم الخبز لتناول الطعام.
وبنفس الطريقة، سيوفر مواردك ويزيدها
ومن ثم ينتج حصاد كبير من السخاء فيك.
نعم، سيتم إثرائك في كل شيء بحيث يمكنك دائما أن تكون سخيا
.

ث. ما هي نتائج العطاء بطاعة وسرور؟

شيآن جديدان نتيجة العطاء
سيتم تلبية احتياجات المؤمنين في القدس،
وسوف يعبرون عن شكرهم لله بفرح.
سوف يمجدون الله بسبب عطاء خدمتكم
لأن كرمكم لهم ولجميع المؤمنين سيثبت أنكم
مطيعين لخبر المسيح السار. وسوف يصلون من اجلك
بمودة عميقة بسبب النعمة الفائضة التي منحها الله لك.
أشكر الله على هذه الهدية التي لا يمكن وصفها بالكلام!

_____
_____
_____

١٠. فكرة أخيرة فيما يتعلق بالمال. لا يمكننا ترك مناقشتنا للإشراف والتمويل بدون مناقشة الديون!

أ. هل نحن مسؤولون عما نقترضه؟ خروج ٢٢:١٤
_____
_____
_____

ب. ماذا وعد الله بإسرائيل إذا أطاعوا؟ تثنية ١٥: ٤-٦
ماذا يقول هذا عن دين أميركا البالغ ٢٠ تريليون دولار؟
_____
_____
_____

ت. ما الذي يجب أن يكون عليه موقفنا بشأن الإقراض؟ تثنية ١٥: ٧-٨
_____
_____
_____

{ 9-10 }

ث. هل سبق لك أن اقترضت شيئًا لا يمكنك استبداله إذا كسرته؟ ماذا كان وضعك؟ 2 ملوك ٦: ٥

_____
_____
_____

ج. هذه آيات كثيرة ولكن مهمة جدا. اقرأها ببطء وبعناية! فكر فيما يحدث اليوم في أمريكا مع الحجز على العقارات، وبطاقات الائتمان بنسبة فائدة ٢٤,٩٩٪، والبيئة المتوترة للغاية لممارسة الأعمال. هل نحميا ٥: ١-١٣ تصف وضعنا اليوم؟

_____
_____

ح. ماذا يدعو الله الناس الذين لا يدفعون فواتيرهم؟ مزامير ٣٧:٢١

_____
_____
_____

خ. ماذا تفعل الديون لك أو فيك؟ سفر الأمثال ٢٢: ٧

_____
_____
_____
_____

د. ماذا دعاك يسوع أن تفعل؟ متي ٥:٤٢

_____
_____
_____
_____

١١. هناك أمرا آخر يجب علينا مناقشته في العهد الجديد. يقوم يسوع بتوبيخ الزعماء الدينيين لفقدانهم لب قانون الله. أسمع يسوع يتحدث عما يجب القيام به وما لا يجب فعله. بينما تقرأ المقطع التالي، ماذا يقول لك يسوع شخصياً؟ هو أيضا يدعو القادة الدينيين بإسم قاسٍ. هل تريد أن يقول هذا عنك؟ ماذا يجب عليك القيام به لمنع ذلك؟

9-11

الْوَيْلُ لَكُمْ أَيُّهَا الْكَتَبَةُ وَالْفَرِّيسِيُّونَ الْمُرَاؤُونَ! فَإِنَّكُمْ تُؤَدُّونَ حَتَّى عُشُورَ النَّعْنَعِ وَالشِّبِثِّ وَالْكَمُّونِ، وَقَدْ أَهْمَلْتُمْ أَهَمَّ مَا فِي الشَّرِيعَةِ: الْعَدْلَ وَالرَّحْمَةَ وَالأَمَانَةَ. كَانَ يَجِبُ أَنْ تَفْعَلُوا هَذِهِ وَلاَ تُغْفِلُوا تِلْكَ!
أَيُّهَا الْقَادَةُ الْعُمْيَانُ! إِنَّكُمْ تُصَفُّونَ الْمَاءَ مِنَ الْبَعُوضَةِ، وَلَكِنَّكُمْ تَبْلَعُونَ الْجَمَلَ!
متي ٢٣:٢٣-٢٤

استنتاج:
لقد نشأت مع فلسفة أن ما كسبته كان لي لأنني كسبته. عندما أصبحت مسيحيا، كلمة الله غيرت فهمي بشكل أساسي. في بعض الأحيان يكون هناك عدم إتفاق بين تربيتي وإيماني. ليس من السهل دائمًا تذكر أن الله هو مصدري. ليس من السهل دائماً الوثوق به بهدف عطاء عشر ما يعطيني. ليس من السهل دائمًا أن نتذكر أن كل شيء له، وأنني فقط مدير ملكيته. لقد أوضح يسوع بوضوح شديد أن الطريقة التي نتعامل بها مع الثروة الأرضية ستحدد كيف يثق بنا "بالثروات الحقيقية". إن التعامل مع أموالك ووقتك وجسمك وخدمتك وديونك بطريقة إلهية هي عناصر أساسية ومؤسسية لتصبح الرجل أو المرأة اللذان يمكن أن يثق الله بكم ويستخدمكم للخدمة! سوف أصلي من أجلك، ويمكنك أن تصلي من أجل أن نصبح كلانا مديرين مخلصين لكل ما قد أعطانا الله بسخاء. هذا القول القديم هو الختام المثالي لهذه الجلسة. إنه يجسد أهمية وإستمرار ممارسة الإشراف على حياة الخدمة!

حياة واحدة فقط،
سوف تكون قريبا شيئا من الماضي
فقط ما يتم
للمسيح سوف يستمر!

من قصيدة مشهورة
كتبها
سي. تي. ستد

البداية السريعة ـ درس ٩

"المشرف"

تسجيل الدخول:
خذ الوقت للتخلص من اندفاع العالم. خذ نفس عميق. استرح. امنح وقتك وانتباهك إلى الله وأحدكما للآخر! كن حساسا لحقيقة أن المال هو موضوع حساس جدا. لديها القدرة على احتجازنا وتخويفنا وامتلاكنا. كن على وعي تام بلغتك الجسدية ومستوى توترك أثناء استكشافك لهذه الجلسة. في نفس الوقت، احتضن حقيقة كلمة الله وخذ على محمل الجد الأثر العميق للتمويل على نموك الروحي والنضج والفائدة لمملكة ربنا يسوع المسيح. المال، في يد المشرف المطيع، لديه القدرة على التأثير في التغيير الرائع والإيجابي في هذا العالم. أصبح ذلك الوكيل الأمين لثروات الله العظيمة.

بدء المناقشة:
أثناء عملك خلال هذه الجلسة، أدعوكم إلى إيلاء اهتمام خاص لتربيتكم ونشأتكم في عائلتكم الأصلية. نشأتكم وتربيتكم لها أكبر تأثير على كيفية تعاملك مع المال كشخص بالغ. أجد أن العشور والثقة بالله أسهل بكثير بالنسبة للأشخاص الذين نشأوا في منزل حيث كانت العشور والثقة بالله أنشطة عادية.

تقول الأسطورة أن روما قامت بتجنيد جيش أجنبي لحمايتها. أصر البابا على أن يخضع الجنود الوثنيين للمعمودية قبل الدخول في معركة. قبل الجيش هذا الأمر. ومع ذلك، عندما ذهبوا تحت الماء رفعوا سيوفهم حتى تبقي جافة. بالنسبة لكثير من المسيحيين، هناك ارتباط بمتعلقاتهم. قد ينزل المؤمن ويكرس كل شيء إلى الله في المعمودية ولكن هناك يد واحدة تمسك ببطاقة الفيزا فوق سطح الماء. عسى أن يساعدنا الله في أخذ كل شيء نمتلكه في مياه المعمودية! ليكن يسوع المسيح حقا رب الكل!

١. هل تحدثت عائلتك بصراحة عن المال أثناء نموك؟

___

___

٢. هل علمتك عائلتك كيفية التعامل مع المال؟

___

___

٣. ما هو مصدر التدريب؟ هل كان الكتاب المقدس أم علمانيًا؟

_____

_____

٤. تخيل مقياس من واحد إلى عشرة. واحد يعني أن الله يملك كل شيء وأنت تديره. عشرة تعني أنك تمتلك كل شيء تملكه وتديره. أين أنت؟

_____

_____

١. ٢. ٣. ٤. ٥. ٦. ٧. ٨. ٩. ١٠.

٥. مرة أخرى راجع هذه الدورة. ما هي الأسفار المقدسة أو المجالات التي تحدتك أو شجعتك أو أحبطتك؟

_____

_____

_____

_____

_____

_____

٦. هل يدعوك المسيح إلى تغيير في قلبك أو عقلك بناء على مفهوم الكتاب المقدس للخدمة؟

_____

_____

_____

٧. هل هناك خطوة مالية محددة تحتاج إلى اتخاذها؟

_____

_____

_____

دائرة نفوزك:

من الممكن، ولكن ليس من المرجح، أن تكون قد انهيت دراسة المجلد الأول وقررت أن المحبة وخدمة دائرة نفوزك كانت فكرة جيدة لأشخاص آخرين. هذه الجلسة أنهت كل أعذارك. عندما قبلت يسوع المسيح كمخلص ورب انضممت إلى أعمال العائلة. أنت الآن جندي في جيشه وعامل في كرمته. لقد أنقذك، دعاك، مسحك، أهداك، وأرسلك إلى كنيسته والعالم لتقدم ملكوته. اقبلوا دعوته للحب، والخدمة، واستخدم الوقت المناسب، والمواهب، والكنز، والهدايا الروحية التي منحك إياها. ابدأ اليوم مع دائرة نفوزك والكنيسة المحلية!

فكرة أخيرة:
إذا دعاك ملياردير يحظى باحترام كبير إلى منزله
لتناول طعام الغداء هل تذهب؟
إذا دعاك هذا الملياردير نفسه لتخصص
عشرة في المئة من دخلك،
إلى أحدث مشاريعه العالمية
مع وعد بعائد على الاستثمار
"كبير جدا حتى البنك الحالي الخاص بك لا يمكن الاحتفاظ بها" هل ستفعل ذلك؟
ماذا لو أعطاك الملياردير نفسه بعض المال،
وطلب منك فقط أن تعيد العشر إلى مغامرة عالمية
التي كانت قريبة وعزيزة على قلبهم؟

الله، الممول الأعظم، قد دعانا إلى العبادة والثقة به
مقابل عشرة في المئة مما قدمه لنا بالفعل.

مع هذا الفعل من الثقة والطاعة
نؤكد إيماننا في كرم حكمته
وتوقع المزيد من الموارد لاستخدامها في حياتنا.

قد يكون من الصعب الوثوق بالله الذي لا يمكنك رؤيته
من الملياردير الذي ترونه
لكنك لن تعرف أبدًا
حتى تحاول!

مصادر إضافية:
www.DaveRamsey.com

"المهمة"

المقدمة:
هناك العديد من الأبعاد الهامة للإيمان المسيحي. يدعونا المسيح لإطعام الفقراء، وإيواء المشردين، وزيارة السجناء، واعطاء الملابس للعاري، والعمل من أجل العدالة الاجتماعية في العالم. وقد تم تأسيس المزيد من الجامعات، وبناء المستشفيات، ودور الأيتام التي يمولها المسيحيون أكثر من أي مجموعة أخرى في التاريخ. احتفل بكل هذه الأوجه المجيدة لإيماننا. هناك عنصر رئيسي واحد في مهمتنا يتقاطع مع كل ما تبقى. هذا العنصر الحاسم هو المحفز لكل شيء آخر يدعونا يسوع المسيح للقيام به. وبدون ذلك، كل شيء آخر هو مجرد راحة مؤقتة من ويلات العالم. مع ذلك العنصر نجد التحول الأبدي لأنفسنا، والعديد من الآخرين.

آيات رئيسية للحفظ والتأمل: لوقا ١٩ : ١٠

فَإِنَّ ابْنَ الإِنْسَانِ قَدْ جَاءَ لِيَبْحَثَ عَنِ الْهَالِكِينَ وَيُخَلِّصَهُمْ

درس:
في الجلسة الأولى سمعنا الله يمشي في جنة عدن ينادي آدم. تعلمنا الحقيقة الأساسية أن الخطيئة تفصلنا عن الله القدوس. في الجلسة الثانية رأينا المسيح يتوجه إلى الصليب لسفك دمه ليغفر لنا ذنوبنا. تعطينا الآية الرئيسية هذا الأسبوع نسخة قصيرة من مهمتنا كأتباع للمسيح. جاء ربنا ومخلّصنا "للبحث عن أولئك الذين فقدوا". فقط المسيح لديه القدرة على الانقاذ لكن كل من أتباعه مدعوا ليشهد. أنت الآن جزء من مهمته في البحث عن المفقود وإنقاذه! كتابع للمسيح أصبحت جزءًا من نشاط العائلة. غالباً ما تسمى هذه البعثة بالمفوضية العظمى.

صلاة:
يا رب، افتح قلبي، بدد خوفي، وساعدني أن أكون مسيحيًا ملتزمًا برسالتك في البحث عن المفقود وإنقاذه. علمني أن أكون محبا وباحثا عن النفوس المفقودة! أرني الجزء الخاص بي، من المهمة والجزء الخاص بك. باسم يسوع، آمين

١. حزقيال ٣٤: ١١-١٦ العهد القديم يعطينا لمحة عن قلب الله.
النبي يعلن كلمة الرب ويظهر لنا قلب الآب نحو الضالين. ماذا يكشف لك هذا المقطع عن موقف الله؟

---

٢. في الأناجيل، يعطينا يسوع حكايات مختلفة حول نفس النقطة! بينما تقرأ القصص ابحث عن العامل المشترك! في لوقا ١٥: ١-٧

أ. إلى أي جمهور يتحدث يسوع؟ ١-٢

ب. ما هو قصد القصة التي قالها يسوع في سياقه قبل ٢٠٠٠ سنة؟ ٣-٧

ت. كيف ينطبق هذا المقطع على عمل الكنيسة اليوم؟

ث. اقرأ الآن لوقا ١٥: ٨-١٠. ما هي المبادئ الموازية التي تراها في كلتا الحالتين؟

---

٣. كان الرسول بولس كنيسة ضخمة في القرن الأول تزرع المبشرين. كان لديه موهبة مذهلة من الله تسمح له بالتعامل مع مجموعات مختلفة من الناس بطرق مختلفة. اقرأ المقطع التالي من ترجمة الرسالة. تخيل أنك تقوم بـ "دراسة حالة" عن الكرازة. أشر إلى الأجزاء التي تتحدث إليك عن المزج والاتصال بثقافتك.

ما هي طرق الرسول للإندماج مع الناس والثقافة؟ في أي مرحلة رسم بولس خطوط الفصل؟ هذا تحد كبير لنا اليوم. إن الثقافة الأمريكية الحديثة بعيدة عن الله لدرجة أن بناء الجسور أصبح صعباً للغاية. عندما أصبح القس بول مسيحيًا في ولاية كارولينا الشمالية بالولايات المتحدة الأمريكية عام ١٩٧٧، تحول إلى الثقافة المحلية المهيمنة. في مدينة سان برناردينو اليوم، ٢٠١٦، يشارك جزء صغير من ٢٠٠٠٠٠ مواطن في أي كنيسة. وحتى أقل من ذلك ملتزمون بحياة التلمذة.

١ كورنثوس ٩:١٩-٢٧

فَمَعَ أَنِّي حُرٌّ مِنَ الْجَمِيعِ، جَعَلْتُ نَفْسِي عَبْداً لِلْجَمِيعِ، لأَكْسِبَ أَكْبَرَ عَدَدٍ مُمْكِنٍ مِنْهُمْ

فَصِرْتُ لِلْيَهُودِ كَأَنِّي يَهُودِيٌّ، حَتَّى أَكْسِبَ الْيَهُودَ؛ وَلِلْخَاضِعِينَ لِلشَّرِيعَةِ كَأَنِّي خَاضِعٌ لَهَا مَعَ أَنِّي لَسْتُ خَاضِعاً لَهَا حَتَّى أَكْسِبَ الْخَاضِعِينَ لَهَا؛

وَلِلَّذِينَ بِلاَ شَرِيعَةٍ كَأَنِّي بِلاَ شَرِيعَةٍ مَعَ أَنِّي لَسْتُ بِلاَ نَامُوسٍ عِنْدَ اللهِ بَلْ أَنَا خَاضِعٌ لِنَامُوسٍ مِنْ نَحْوِ الْمَسِيحِ حَتَّى أَكْسِبَ الَّذِينَ هُمْ بِلاَ شَرِيعَةٍ

وَصِرْتُ لِلضُّعَفَاءِ ضَعِيفاً، حَتَّى أَكْسِبَ الضُّعَفَاءَ. صِرْتُ لِلْجَمِيعِ كُلَّ شَيْءٍ، لأُنْقِذَ بَعْضاً مِنْهُمْ مَهْمَا كَلَّفَ الأَمْرُ

وَإِنِّي أَفْعَلُ الأُمُورَ كُلَّهَا مِنْ أَجْلِ الإِنْجِيلِ، لأَكُونَ شَرِيكاً فِيهِ مَعَ الآخَرِينَ

أَمَا تَعْلَمُونَ أَنَّ الْمُتَبَارِينَ يَرْكُضُونَ جَمِيعاً فِي الْمَيْدَانِ وَلَكِنَّ وَاحِداً مِنْهُمْ فَقَطْ يَفُوزُ بِالْجَائِزَةِ؟ هكَذَا ارْكُضُوا أَنْتُمْ حَتَّى تَفُوزُوا
!

وَكُلُّ مُتَبَارٍ يَفْرِضُ عَلَى نَفْسِهِ تَدْرِيباً صَارِماً فِي شَتَّى الْمَجَالاَتِ. فَهؤُلاَءِ الْمُتَبَارُونَ يَفْعَلُونَ ذلِكَ لِيَفُوزُوا بِإِكْلِيلٍ فَانٍ، وَأَمَّا نَحْنُ فَلِنَفُوزَ بِإِكْلِيلٍ غَيْرِ فَانٍ.

إِذَنْ، أَنَا أَرْكُضُ هكَذَا، لاَ كَمَنْ لاَ هَدَفَ لَهُ، وَهكَذَا أُلاَكِمُ أَيْضاً، لاَ كَمَنْ يَلْطِمُ الْهَوَاءَ،

بَلْ أُسَدِّدُ اللَّكَمَاتِ إِلَى جَسَدِي وَأَسُوقُهُ أَسِيراً، مَخَافَةَ أَنْ يَتَبَيَّنَ أَنِّي غَيْرُ مُؤَهَّلٍ (لِلْمُجَازَاةِ) بَعْدَمَا دَعَوْتُ الآخَرِينَ إِلَيْهَا!

كيف يمكنك وضع تعاليم بولس موضع التنفيذ في ثقافتك؟ ما الذي يجب أن يحدث لك ولكنيستك لتصبحا مبشرين فعالين في دائرة نفوزك؟

____

____

____

____

____

اعتراف:

لقد قادت كلمات الرسول بولس وجهة نظري للكنيسة لسنوات عديدة. لقد لعبوا دوراً قوياً في العديد من قرارات الرؤية الرعوية التي اتخذتها. لا تزال تؤثر على طريقة الكنيسة التي قمت برعايتها للفساتين والعبادات والزمالات والمسرحيات. هذا هو السبب في أن الأطفال هم أولوية في التخطيط. وهم وراء اختيار طريقة المعيشية الجديدة أو اللهجة الإنجليزية. إنهم يحاولون الوصول إلى أشخاص لا يعرفون المسيح. مع مرور السنين سيستمر هذا في تشكيل خدمتهم بطرق جديدة وربما واسعة الإحتمال. لا نريد أبدًا أن يصبح معيار اليوم تقليدًا غير قابل للتغيير غدًا. اليوم هو دائما يوم الخلاص. لذلك دعونا نفوز بالنفوس بمعيار اليوم.

٤. يوجد كتاب رئيسي آخر في المزمور ٧١. كان هذا هو المقطع الرئيسي لإعادة إحياء ملجأنا في عام ٢٠٠٣ بعد حريق عام ١٩٩٨. أنا أؤمن بأهمية رسالة الملك داود أكثر مما فعلت عندما بشرت بها لأول مرة. ذلك!

مزامير ٧١:١٦-١٨

.أَجِيءُ (مُؤَيَّداً) بِقُوَّةِ السَّيِّدِ الرَّبِّ، لأَذْكُرَ بِرَّكَ وَحْدَكَ
.قَدْ عَلَّمْتَنِي يَا اللهُ مُنْذُ صِبَايَ، فَلَمْ أَكُفَّ لَحْظَةً عَنْ إِعْلاَنِ عَجَائِبِكَ
لاَ تَتْرُكْنِي فِي الشَّيْخُوخَةِ وَالشَّيْبِ يَا اللهُ، حَتَّى أُخْبِرَ هَذَا الْجِيلَ بِأَعْمَالِ قُدْرَتِكَ، وَبِقُوَّتِكَ (الْجِيلَ) الآتِي.

كيف يمكنك أن تكون جزءًا من "إخبار الآخرين بالأشياء الرائعة التي يفعلها الله" و "إعلان قوته لهذا الجيل الجديد؟" ما هي المواقف والإجراءات التي يمكن أن تساعد في توجيهك وكنيستك؟

____

____

____

انعكاس الخدمة: تمارس ما تبشّر به!

لقد شاركت فقط كيف بشرت بالمزمور ٧١ في عام ٢٠٠٣. في ذلك الوقت صليت، "يا الله، دعونا نستهدف الجيل القادم". وكنت أعني ذلك. أنا بشر ذلك. ثم قبل بضع سنوات، جاءني ابني، وشريكي في الخدمة، وقال: "يا أبي، دعنا نكوّن فريق تصميم". لنجمع بين ٢٠ و٣٠ و٤٠ عامًا من العمر. يمكنك أن تكون في الخامسة والخمسين من العمر. سنبدأ في نقد وتخطيط كل خدمة عبادة. سوف ننظر إلي المستقبل ونوعظ ونبشر.

سنخطط الأغاني ومقاطع الفيديو. سنقوم بتسجيل تواريخ حقوق التأليف والنشر الخاصة بمواد العبادة الخاصة بنا. سنضع مواعيد لكل عنصر من عناصر الخدمة، بما في ذلك خطبتك. بعد ذلك، سنقيم الخدمة ونرى ما إذا كانت الأمور ستبقى على المسار الصحيح. سنقوم بنقد كل ما نقوله، الغناء، العرض، وكل ما نفعل.

لم يكن لدى هؤلاء الشباب الأحباء أي فكرة عن القفزة الهائلة المؤلمة التي كانوا يطلبونها مني. منذ أربعين عامًا تقريبًا، أول قسيس لي كان يخطط لخطبه ويخبر مدير المنشدين بما يريده أن ينشد. كان هناك بيانو على جانب واحد من الحرم وأورج في الجهة الأخرى. لم يكن هناك طبول في الكنيسة التي أخدم فيها لأنها كانت تعتبر راديكالية للغاية بالنسبة للعبادة. لا يزال لديهم منشدين، ومذبح مزدوج. منبر واحد للإعلانات والآخر للوعظ. كان لا يزال يرتدي الجلباب والشالات المناسبة للقداس في فصل الشتاء. في عام ١٩٩٤ لم يكن هناك جهاز عرض فيديو ونظام الصوت كان من راديو شاك. تعود التراتيل إلى أوائل التسعينات. عندما أصبحت قائد الرعاة في النقطة الشمالية عام ١٩٩٥، كان هناك بيانو، وأورج ومنبر مزدوج. كانت طاولة التناول في الوسط، ولم تتحرك أبدًا.

اليوم، الكنيسة التي قمت برعايتها لمدة واحد وعشرين عامًا لديها واجهة على طراز المسرح. ستائر وأضواء والمزيد من الأضواء وآلة الضباب. لديهم جهاز لقياس قوة الصوت وسدادات الأذن في الخلف للتأكد من أن الموسيقى تملأ الغرفة بالمستوى الصحيح فقط. تتدفق الخطب في سلسلة من ٧ أو ٨ أسابيع وهم من الكتاب المقدس القائم، ولكن يتم تجميعها بطرق لم أكن قادرا على التخطيط لها بمفردي.

يوم الأحد الماضي، كان الأطفال والرضع والمراهقون يشكلون ٤٠٪ من الحضور. وكان ٤٥٪ آخرون من الشباب. النسبة المتبقية ١٥٪ هم متوسطي العمر وكبار السن. الشيء الرائع هو أن كبار السن يحتفلون بالأولوية الإنجيلية للخدمة. نحن هناك من أجل "الجيل القادم". بينما أتحرك من منصب الراعي القائد في ١٧/١/١، سلمت بفرح كنيسة مسالمة وموحدة ومبنية على الرؤية، والتي من المرجح أن يتم رعايتها من قبل ابني. والحقيقة هي أنه بدأ ثورة الخدمة الحالية بتلك الكلمات المصيرية، "هل يمكننا أن نبدأ فريقاً للتصميم". كان دوري هو تشريف الكتاب المقدس الذي قدمته منذ أكثر من عقد من الزمان من خلال السماح للآخرين بامتلاك طرقي والركض معها. لقد دعاني الله إلى "ممارسة ما أوصيت به!" ليس الأمر سهلاً دائماً، ولكنه دائماً صحيح.

٥. متي ٢٨: ١٦-٢٠ وأعمال ١: ٨ مثل هذه الآيات المحورية تستحق إعادة الدراسة عدة مرات! ما هي رسالة المسيح الواضحة عندما اجتمع مع أتباعه في تلك اللحظات الثمينة النهائية؟ كيف يؤثر فيك هذا الكلام؟

____

____

____

٦. يجب أن يكون لديك إحساس واضح بمهمتك في هذه المرحلة. ما هو الموقف الذي يجب أن تكون طريقة تعاملك عندما تبدأ؟ بطرس الأولي ٣: ١٤-١٧ يعطينا تعليمات، وتحذيرات! ما هم؟

التعليمات:

____

____

التحذيرات:

____

____

____

٧. الآن نأتي إلى قسم "كيف" من هذه الدورة. هناك طرق عديدة للامتثال للمفوضية العظمى. على مر التاريخ، سافر المبشرون، وعظ الوعاظ، وصاح الإنجيليون في الشوارع برسالتهم من مقاعد المنتزه. بعض الجماعات لا تزال تذهب من الباب إلى الباب. هناك إحصائية مذهلة ينبغي أن توجه نهجنا للتواصل والكرازة. قام الدكتور وين آرن بمشروع بحثي حول كيفية نمو الكنائس! النتائج ذات أهمية حاسمة!

ماذا يجذب الناس إلى الكنيسة المحلية؟

الاحتياجات الخاصة ١-٢ ٪
دخول المارة ٢-٣٪
خدمة القس ٥-٦٪
برنامج الزيارة ١-٢٪
مدرسة الأحد ٤-٥٪
حملة صليبية إنجيليّة ١/٢٪
برامج الكنيسة ٢-3٣٪
صديق / قريب ٧٥-٩٠٪

في كتابه ٨-١٥ ، الدكتور توم ميرسر، يلقي الضوء على مبدأ دائرة النفوذ. إنه يتبع نمطًا استرشد به الدكتور رالف جارار الصغير خلال العقود الخمسة الماضية!

الله قد وضع بصورة غير محدودة ٨-١٥ من الناس في دائرة نفوذك.
الله قد منحك امتياز المحبة، الصلاة، الخدمة،
وتقاسم المسيح مع هذه المجموعة الخاصة المدهشة من الناس!

أقترح أن تجعل لنفسك إشارة مرجعية وتكتب أسماء ٨-١٥ شخصًا أنت على اتصال دائم بهم. قد يكونوا من العائلة أو الأصدقاء أو زملاء الطلاب أو زملاء العمل. ابدأ في حب والصلاة وخدمة هذه المجموعة الفريدة من الناس. الله يفعل الإنقاذ. ومع ذلك، لديك امتياز [ومسؤولية] من المحبة، والخدمة، وإخبار القصة. أود أن أشجعك، ومرشدك، وقسيسك لقراءة ٨-١٥ من قبل الدكتور توم ميرسر. نمت كنيسة الصحراء العالية في فيكتورفيل، كاليفورنيا إلى أكثر من ١٢٠٠٠ باستخدام هذا المبدأ البسيط لكن قوي. يمكنك معرفة المزيد حول وضع دائرة النفوذ موضع التنفيذ من .www.8to15.com

٨. إن إنجيل، (أو الخبر السار)، يسوع المسيح كان له قوة فريدة دفعته إلى جميع أنحاء عالم القرن الأول. فكر في هذه المقاطع من الأناجيل التي تصف استجابة الناس للأخبار السارة. انظر إلى الجزء الذي لعبه الناس.

الرجل الذي خرجت منه الشياطين في لوقا ٨:٣٩
اِرْجِعْ إِلَى بَيْتِكَ، وَحَدِّثْ بِمَا عَمِلَهُ اللهُ بِكَ! فَمَضَى سَائِراً فِي الْمَدِينَةِ كُلِّهَا، وَهُوَ يُنَادِي بِمَا عَمِلَهُ بِهِ يَسُوعُ.

عندما أقام الفتاة الصغيرة من الموت:
متي 9: ٢٦
تقرير هذه المعجزة اجتاح الريف بأكمله.

الرجال العمى: متى ٩: ٣٠-٣١

فَانْفَتَحَتْ أَعْيُنُهُمَا. وَأَنْذَرَهُمَا يَسُوعُ بِشِدَّةٍ قَائِلاً: انْتَبِهَا! لاَ تُخْبِرَا أَحَداً وَلَكِنَّهُمَا انْطَلَقَا وَأَذَاعَا صِيتَهُ فِي تِلْكَ الْبِلاَدِ كُلِّهَا

.

الحشود مرقس ٧:٣٦
وَأَوْصَاهُمْ أَنْ لاَ يُخْبِرُوا أَحَداً بِذلِكَ. وَلكِنْ كُلَّمَا أَوْصَاهُمْ أَكْثَرَ، كَانُوا يُكْثِرُونَ مِنْ إِعْلاَنِ الْخَبَرِ

شفاء الأبرص في مرقس ١:٤٥
أَمَّا هُوَ، فَانْطَلَقَ يُنَادِي كَثِيراً وَيُذِيعُ الْخَبَرَ، حَتَّى لَمْ يَعُدْ يَسُوعُ يَقْدِرُ أَنْ يَدْخُلَ أَيَّةَ بَلْدَةٍ عَلَناً، بَلْ كَانَ يُقِيمُ فِي أَمَاكِنَ مُقْفِرَةٍ، وَالنَّاسُ يَتَوَافَدُونَ إِلَيْهِ مِنْ كُلِّ مَكَانٍ

كيف استجبت للأخبار السارة؟ هل أخبرت الآخرين؟ كيف؟

٩. الآن قد تفكر في فكرتين. "نعم، يناديني يسوع لتبادل الأخبار السارة مع دائرة نفوذي" "لا توجد طريقة أستطيع أن أفعل ذلك!" هذا رد طبيعي جدًا على المهمة العظمى. الحمد لله أنت لست وحدك.

اقرأ متى ١٠: ١٦-٢٠. معظمنا في أمريكا الشمالية لا نتعامل بمستوى الكثافة التي يصفها يسوع. في أجزاء أخرى من العالم هذه الآية هي حقيقة. طبق مبدأ الآية ٢٠ على حياتك. أعد كتابة الآية على أنها وعد شخصي من الله لك!

١٠. من يمنحك القدرة على أن تكون شاهداً ليسوع المسيح؟ أعمال ١: ٨

١١. دعونا ننهي هذا الدرس مع ١ بطرس ٣: ١٣-١٧.

أ. ما هو التحدي؟ [الآية ١٥]

ب. ما هي طريقة التصرف التي ينبغي أن نلتزم بها بينما نسعى إلى تحقيق المأمورية العظمى؟ [الآية ١٦]

استنتاج:
منذ ٢٠٠٠ عام لم يكن لدى الناس التلفزيون أو الصحف أو الكمبيوترات أو اللوحات الإعلانية أو الرسائل النصية. قبل ٢٠٠٠ سنة، انتشر الإنجيل بأعظم طريقة إعلانية اخترعها الإنسان وهي كلمة الفم! لم تتغير المهمة، أو الطريقة، أو السلطة!

نذهب في قوته، مع رسالته، لنكون شهوده في كل مكان! لن يطلب منك يسوع المسيح أن تشارك شيئًا لا تعرفه أو أن تكون شيئًا لم يريدك أن تكون. كل ما يطلبه يسوع هو أن تصلي وتحب وتخدم وتشارك قصتك. سوف يربطك الله بأشخاص مستعدين لسماع ما وضعه في قلبك للمشاركة. سوف يقودك الروح القدس إلى محادثات مدهشة فقط إذا كنت تثق في قيادته لك.

الفنانون: كيف تبدو لك المهمة؟

إذا دعاك الله للخدمة، اذهب!
إذا دعاك إلى الوعظ أو التعليم، اذهب!
إذا دعاك إلى بعض الخدمة العالمية المذهلة، اذهب!

أينما كنت وأيا كنت،
ركز على المحبة، الصلاة، الخدمة،
والشهادة لدائرة نفوذك!

الله الروح القدس قادر
لتوصيلك وحمايتك.
يمكنه أن يضعك وينعمك،
للعمل الذي مسحك
وعينك لتفعل!

سبحه، ثق به، اتبعه،
وقل قصته القوية!

بذور الخردل من الإيمان التي تزرعها،
عندما تطرقها قوة الله،
سوف تنموا لدرجة تتخطى قدرتك على المعرفة.

الله لن يحملنا المسؤولية
على ما لا نعرف
أو لا يمكننا القيام به.

سوف يحاسبنا عن استخدام
الأشياء التي نعرفها
والأشياء التي لدينا.

الله وهبك ومسحك وعينك.
اخرج بالإيمان وشارك كل ما أنت عليه
مع هؤلاء الذين يضعهم الله في طريقك.

وهو سوف يفعل الباقي!

10-25

"المهمة"

تسجيل الدخول:
عندما تلتقي أنت والمرشد اليوم، أدعو الله أن يفتح بابًا واسعًا للتتحدث عن مشاركة إيمانك. محادثة حول الخلاص مع شخص آخر هي أعظم امتياز ستحصل عليه. ويمكن أيضا أن تكون مخيفة جدا. لقد وضع المجتمع وصمة عار مروعة حول "الشاهد"، وللأسف، فإن الكنيسة غالباً ما جعلتها غير مريحة، ومجبرة، وذات ذنب يرفع الضغط. هذا ليس ما كان يدور في خلد يسوع. كن صادقاً وتحدث إلى معلمك حول هذا الموضوع المهم.

بدء المحادثات:

١. ما هي الكتب المقدسة التي تحدثت لحياتك هذا الأسبوع؟

٢. ماذا تعلمت عن خطة وطريقة الله؟

٣. ماذا تعلمت عن نفسك وعن مكانك في خطة الله؟

٤. خذ قطعة من الورق وابدأ العمل في مرجعية دائرة نفوذك! اكتب أسماء ٨-١٥من الذين تراهم على أساس أسبوعي.

٥. كيف يمكنك أن تخدم هؤلاء الأشخاص الثمينين الذين وضعهم الله في دائرة نفوذك؟

6. هل تعرف كيف "تشارك قصتك؟"
خذ بعين الاعتبار كتابة ملخص تفصيلي ثلاثي النقاط.

قبل أن أقابل يسوع كنت:
_____
_____
_____
_____

هكذا قابلت يسوع:
_____
_____
_____
_____

لقد غير يسوع حياتي بطرق مدهشة:
_____
_____
_____
_____
_____
_____
_____

قبول يسوع بسيط مثل أ ب ت:

أ. اعترف بأنك قد أخطأت مما يفصلك عن الله القدوس.
ب. آمن أن الله أرسل يسوع ليموت من أجل خطاياك ويجعلك على حق مع نفسه.
ت. اعترف بفمك وآمن بقلبك أن يسوع المسيح هو الرب.

٧. اقرأ كورنثوس الأولى ١٥: ١-١١ مع معلمك. يعطينا الرسول بولس إعلانًا واضحًا جدًا لما اعتبره "الأكثر أهمية". ما هو هذا؟
_____
_____

ملاحظات:
_____
_____
_____
_____

دائرة النفوذ:

أصلي اليوم الله يضع رغبة محترقة في قلبك لرؤية الرجال والنساء، الأولاد والبنات، يدخلون في علاقة خلاص شخصية مع يسوع المسيح. خلال الأسابيع الماضية كنت تحب دائرة نفوذك وتصلي من أجلهم. كنت تخدمهم وتعيش عقيدتك المتنامية أمامهم. نأمل، جاء بعضهم إلى كنيستك وشاهد معموديتك أو يخطط لذلك. الآن حان الوقت للبدء في مشاركة قصة يسوع معهم. اطلب من الله أن يخلق الوقت والمكان والزمان المناسبين لتخبرهم بأن يسوع يحبهم، مات من أجلهم، وكان يحب أن تكون له علاقة معهم. أخبر قصتك لإظهار كيف يعمل الله في حياتك.

منذ سنوات بعت سيارة فولكس واجن في سيرا مدر، كاليفورنيا. كان مرشدي رجلًا كبيرًا في السن اسمه روجر. أود أن أخبر أحدهم عن المنتج وأرسله إلى المنزل بكتيب. كان روجر يسحبني جانباً ومع سحر العالم القديم العظيم سألني "هل طلبت منهم شراء السيارة؟" لقد ظلت هذه الكلمات عالقة في قلبي لأكثر من ثلاثين عاماً. "هل طلبت منهم شراء السيارة؟"

إن التفكير في سؤال شخص ما إذا كان يرغب في أن يصبح مسيحيا من خلال التوبة عن خطاياه والقبول بيسوع المسيح قد يرعبك. لكن لا أستطيع أن أخبرك كم مرة نظرت عبر مكتبي بعد تجربة قيادة وسألت: "هل ترغب في شراء هذه السيارة؟" ولدهشتي السارة هذا الشخص أجاب "نعم" لن تعرف أبدا ما إذا كان شخص ما يريد الحياة الأبدية من خلال يسوع المسيح حتى تسألهم.

هل قبلت يسوع المسيح كمخلصك وربك؟
الأمر بسيط مثل أ ب ت!

صلاة:

يا رب من فضلك خذ خوفي. املأني بجرأة الروح القدس. اسمح لي بامتياز مشاركة الأخبار الجيدة مع هؤلاء الذين وضعتهم في دائرة نفوذي. افتح عينيّ الروحيّة وأذنيّ لأني قد أستمع إلى القرائن التي تكشف عن قلب مفتوح. ضعني في المكان المناسب، في الوقت المناسب، لأكون رسولك. باسم يسوع، آمين

" الطريقة

المقدمة:
في عالم اليوم، نسمع كلمات مثل التدريب والتوجيه أكثر من إعداد التلاميذ. بغض النظر عن الكلمات التي نستخدمها، نجد هذه العلاقات الأساسية في الرياضة، والأعمال التجارية، والقانون، والطب، والسياسة، والجيش، والكنيسة. استخدم الله العلاقة الشخصية لآلاف السنين. ويستخدم التوجيه لإعداد الرسل الذين اختارهم لعملهم المعين. كما تعلمنا في الجلسة السابعة، يتم استدعاء كل شعب الله إلى نوع من العمل في المملكة. اليوم سننظر في هذه الطريقة الرائعة والقوية لتدريب القادة وبناء المملكة! في الأسبوع الماضي نظرنا إلى المهمة. اليوم سنفحص أسلوب الماجستير في إعداد التلاميذ من خلال فن الإرشاد الشخصي القديم!

آيات رئيسية للحفظ والتأمل. ٢ تيموثاوس ٢:٢

وَالتَّعَالِيمُ الَّتِي سَمِعْتَهَا مِنِّي بِحُضُورِ شُهُودٍ عَدِيدِينَ، أَوْدِعْهَا أَمَانَةً بَيْنَ أَيْدِي أُنَاسٍ جَدِيرِينَ بِالثِّقَةِ، يَكُونُونَ قَادِرِينَ عَلَى تَعْلِيمِ الآخَرِينَ

درس

الأميركيون، كمجموعة، يحبون أن تحدث الأشياء بسرعة! ما مدى إحباطك عندما تكون الإنترنت بطيئة؟ تخيل أنك تحتاج إلى الانتظار لمدة ثوانٍ إضافية للوصول إلى موقع على الجانب الآخر من كوكب الأرض. عندما كنت صبيا ركبت دراجتك إلى المكتبة وبحثت عن موضوعك في كتالوج البطاقات. ثم مشيت إلى الرف آملا أن يكون الكتاب هناك. إذا كانت قد اختفت، انتظرت أيامًا أو أسابيع لكي يرجعها أحدهم. واليوم، أنت تستخدم الإنترنت للبحث عن أي شيء وبعد ثوانٍ يظهر على الشاشة أمامك.

على عكس الفشار السريع، لا يمكنك فقط استخدام الإنترنت لتجذب أتباعا للمسيح. النضج المسيحي وتطور الشخصية لا يحدث في الميكروويف. إتباع المسيح والنمو في الإيمان يستغرق وقتا طويلا. تطوير القيادة المسيحية يستغرق سنوات وعقود وعمر! لحسن الحظ، لم يدعونا يسوع للنمو بأنفسنا. وهو يعمل في المجتمع. أرسل يسوع أتباعه اثنين بعد اثنين. الله يربط القادة مع قادة المستقبل. يربط الباحثين مع القديسين. إنه يضع مرشد إعداد التلاميذ في حياة المؤمنين المستعدين للمعرفة والنمو والعمل. إنها عملية مجيدة لا تنتهي. ليس لديك أي وسيلة لمعرفة عدد الأجيال التي سوف يلمسها الله من خلالك.

١. لقد درسنا هذه الفقرة من قبل ولكن لا يزال يشكل حجر الزاوية لندائنا وطريقة المسيح! كانت هذه من بين الكلمات الأرضية الأخيرة التي أعطاها يسوع لدائرته الداخلية من التلاميذ الموثوق بهم. هذه كانت تعليماته النهائية الحاسمة! نرجو أن يمسكوننا ويرشدونا ويملأونا ولا يدعونا نبعد!

متي ٢٨:١٦-٢٠

وَأَمَّا التَّلاَمِيذُ الأَحَدَ عَشَرَ، فَذَهَبُوا إِلَى مِنْطَقَةِ الْجَلِيلِ، إِلَى الْجَبَلِ الَّذِي عَيَّنَهُ لَهُمْ يَسُوعُ.
فَلَمَّا رَأَوْهُ، سَجَدُوا لَهُ. وَلكِنَّ بَعْضَهُمْ شَكُّوا،
فَتَقَدَّمَ يَسُوعُ وَكَلَّمَهُمْ قَائِلاً: دُفِعَ إِلَيَّ كُلُّ سُلْطَانٍ فِي السَّمَاءِ وَعَلَى الأَرْضِ

فَاذْهَبُوا إِذَنْ، وَتَلْمِذُوا جَمِيعَ الأُمَمِ، وَعَمِّدُوهُمْ بِاسْمِ الآبِ وَالابْنِ وَالرُّوحِ الْقُدُسِ؛
وَعَلِّمُوهُمْ أَنْ يَعْمَلُوا بِكُلِّ مَا أَوْصَيْتُكُمْ بِهِ. وَهَا أَنَا مَعَكُمْ كُلَّ الأَيَّامِ إِلَى انْتِهَاءِ الزَّمَانِ!»

ما هي الأوامر الثلاثة الواضحة والمحددة التي يعطيها يسوع لأتباعه في الآيات ١٩/٢٠؟

أ. ____________________

ب. ____________________

ت. ____________________

٢. لم يبدأ التوجيه في العهد الجديد. كان يسوع أعظم صانع للتلاميذ، لكن إله إسرائيل له تاريخ طويل في تربية القادة الروحيين. العهد القديم يعطينا لمحة رائعة في محادثة واحدة أعتقد أنها كانت علاقة إرشادية طويلة الأمد. كان موسى هو "معطي القانون" و "قائد الخروج من مصر". في سفر الخروج ١٨ نرى جثرو كاهن مديان وأب زوجة موسى له تاريخ في تغيير المحادثة. إنها نقطة انطلاق رائعة لدراستنا. اقرأ كل مجموعة من الآيات وضع عنوانا لذلك الجزء من المحادثة. استخدم الآية السابعة كمثال.

٧ إتصل بصديق تثق فيه

٨ ____________________

٩ ____________________

١٢ ____________________

١٤ ____________________

١٥ ____________________

١٧ _____
١٨-٢٣ _____

أ. كيف تصف روح جيثرو خلال هذا اللقاء؟
لماذا كان هذا مهما؟
_____
_____
_____

ب. ما الذي تراه في موقف موسى خلال هذا اللقاء؟
لماذا كان هذا مهما؟
_____
_____
_____

ت. هل أنت مستعد لدعوة شخص للتحدث بصدق في حياتك؟
إذا لم تكن كذلك، فلماذا لا؟
_____
_____
_____

ث. هل أنت مستعد لمشاركة ما قدمه الله لك مع الآخرين؟
_____
_____

٣. ما هو هدف الله لنا في رومية ٨: ٢٩؟
_____
_____
_____

٤. الآن اربط هذا الهدف مع دعوة الله. ماذا قال يسوع لأندراوس وبطرس في متى ٤: ١٨-٢٠؟
_____
_____

٥. جاء يسوع ليهدي إلى ملكوت الله. إنه لأمر رائع أن ندرك أن يسوع قد اختار العمل من خلال البشر في بناء ملكوته. إقرأ تيموثاوس الثانية ١: ١-٤ بعناية شديدة. ما هي الكلمات التي تجدها في المقطع تكشف عن علاقة بولس مع تيموثاوس؟
_____
_____

11-31

٦. نحن نستخدم كلمة "الرسول" لوصف العديد من كتب العهد الجديد. كلمة "رسول" تعني حرفيا "رسالة". القاموس يصف كلمة "الرسول" بأنها "تركيبة أدبية في شكل رسالة". ستجد أن معظم رسائل العهد الجديد تتضمن أسماء الأشخاص التي ذكرناها في المقدمة. اقرأ الآيات التمهيدية التالية من عدة رسائل في العهد الجديد. أريدك أن تلاحظ الأشخاص الذين كانوا مع لوقا وبولس يوحنا وهم يكتبون والأشخاص الذين يكتبون لهم أيضًا. من المهم أن ترى كيف أن كل واحد من هؤلاء القادة اشترك مع آخرين في عملهم! كان القادة يكتبون مع الناس، والناس. كل الهدف من العهد الجديد هو توصيل الإيمان من شخص إلى شخص وهي الطريقة الأقوى والدائمة لإنجاز هذه المهمة.

أعمال ١:١

رَوَيْتُ لَكَ فِي كِتَابِي الأَوَّلِ، يَا ثَاوُفِيلُسُ، جَمِيعَ أَعْمَالِ يَسُوعَ وَتَعَالِيمِهِ، مُنْذُ بَدْءِ رِسَالَتِهِ

٢ كورنثوس ١:١

مِنْ بُولُسَ، رَسُولِ الْمَسِيحِ يَسُوعَ بِمَشِيئَةِ اللهِ، وَمِنَ الأَخِ تِيمُوثَاوُسَ، إِلَى كَنِيسَةِ اللهِ فِي مَدِينَةِ كُورِنْثُوسَ، وَإِلَى جَمِيعِ الْقِدِّيسِينَ الْمُقِيمِينَ فِي مُقَاطَعَةِ أَخَائِيَةَ كُلِّهَا

فيلبي ١:١

مِنْ بُولُسَ وَتِيمُوثَاوُسَ، عَبْدَيِ الْمَسِيحِ يَسُوعَ، إِلَى جَمِيعِ الْقِدِّيسِينَ فِي الْمَسِيحِ يَسُوعَ، الْمُقِيمِينَ فِي مَدِينَةِ فِيلِبِّي، بِمَنْ فِيهِمْ مِنْ رُعَاةٍ وَمُدَبِّرِينَ

كولوسي ١:١

مِنْ بُولُسَ وَهُوَ رَسُولٌ لِلْمَسِيحِ يَسُوعَ بِمَشِيئَةِ اللهِ، وَمِنَ الأَخِ تِيمُوثَاوُسَ،

١ تسالونيكي ١:١

مِنْ بُولُسَ وَسِلْوَانُسَ وَتِيمُوثَاوُسَ، إِلَى كَنِيسَةِ مُؤْمِنِي تَسَالُونِيكِي الَّذِينَ هُمْ فِي اللهِ الآبِ وَالرَّبِّ يَسُوعَ الْمَسِيحِ. لِتَكُنْ لَكُمُ النِّعْمَةُ وَالسَّلاَمُ مِنَ اللهِ أَبِينَا وَالرَّبِّ يَسُوعَ الْمَسِيحِ

٢ تسالونيكي ١:١

مِنْ بُولُسَ وَسِلْوَانُسَ وَتِيمُوثَاوُسَ، إِلَى كَنِيسَةِ مُؤْمِنِي تَسَالُونِيكِي الَّذِينَ هُمْ فِي اللهِ أَبِينَا وَالرَّبِّ يَسُوعَ الْمَسِيحِ.

١ تيموثاوس ١:١-٢
مِنْ بُولُسَ، رَسُولِ الْمَسِيحِ يَسُوعَ وَفْقاً لأَمْرِ اللهِ مُخَلِّصِنَا وَالْمَسِيحِ يَسُوعَ رَجَائِنَا،
إِلَى تِيمُوثَاوُسَ وَلَدِي الْحَقِيقِيِّ فِي الإِيمَانِ. لِتَكُنْ لَكَ النِّعْمَةُ وَالرَّحْمَةُ وَالسَّلاَمُ مِنَ اللهِ
أَبِينَا وَالْمَسِيحِ يَسُوعَ رَبِّنَا!

٢ تيموثاوس ١:١-٢
مِنْ بُولُسَ، وَهُوَ بِمَشِيئَةِ اللهِ رَسُولٌ لِلْمَسِيحِ يَسُوعَ فِي سَبِيلِ الْوَعْدِ بِالْحَيَاةِ الَّتِي هِيَ فِي
الْمَسِيحِ،
إِلَى تِيمُوثَاوُسَ، وَلَدِي الْحَبِيبِ لِتَكُنْ لَكَ النِّعْمَةُ وَالرَّحْمَةُ وَالسَّلاَمُ مِنَ اللهِ الآبِ وَالْمَسِيحِ
يَسُوعَ رَبِّنَا.

تيطس ١:٤
إِلَى تِيطُسَ، وَلَدِي الْحَقِيقِيِّ بِالنِّسْبَةِ إِلَى الإِيمَانِ الْمُشْتَرَكِ بَيْنَنَا. لِتَكُنْ لَكَ النِّعْمَةُ وَالسَّلاَمُ
مِنَ اللهِ الآبِ، وَالْمَسِيحِ يَسُوعَ مُخَلِّصِنَا!

فليمون ١:١
مِنْ بُولُسَ، السَّجِينِ لأَجْلِ الْمَسِيحِ يَسُوعَ، وَمِنْ تِيمُوثَاوُسَ الأَخِ، إِلَى فِلِيمُونَ الْحَبِيبِ
شَرِيكِنَا فِي الْعَمَلِ،

يوحنا الثالثة ١:١-٢
مِنْ يُوحَنَّا الشَّيْخِ إِلَى غَايُوسَ الْحَبِيبِ الَّذِي أُحِبُّهُ بِالْحَقِّ
أَيُّهَا الْحَبِيبُ، أَوَدُّ أَنْ تَكُونَ مُوَفَّقاً فِي كُلِّ أَمْرٍ، وَأَنْ تَكُونَ صِحَّتُكَ الْبَدَنِيَّةُ قَوِيَّةً وَمُعَافَاةً
كَصِحَّتِكَ الرُّوحِيَّةِ

رؤيا١:١-٢
هَذِهِ رُؤْيَا أَعْطَاهَا اللهُ لِيَسُوعَ الْمَسِيحِ، لِيَكْشِفَ لِعَبِيدِهِ عَنْ أُمُورٍ لاَبُدَّ أَنْ تَحْدُثَ عَنْ
قَرِيبٍ. وَأَعْلَنَهَا الْمَسِيحُ لِعَبْدِهِ يُوحَنَّا عَنْ طَرِيقِ مَلاَكٍ أَرْسَلَهُ لِذَلِكَ
وَقَدْ شَهِدَ يُوحَنَّا بِكَلِمَةِ اللهِ وَبِشَهَادَةِ يَسُوعَ الْمَسِيحِ، بِجَمِيعِ الأُمُورِ الَّتِي رَآهَا

أ. انظر في هذا السؤال ثم إقرأ الآيات مرة أخرى. اعثر على الكلمات التي يستخدمها القادة لوصف أنفسهم وشركائهم في الخدمة ومتلقي رسائلهم! [ملاحظة: ليس لكل آية "كلمة خاصة".] أريدك أن "تذوق" نكهة وموقف الكنيسة الأولى. كيف تحدثوا مع بعضهم البعض؟ كيف تحدثوا عن بعضهم البعض؟ ماذا كان موقفهم تجاه بعضهم البعض؟ ما هو "روح الحركة"؟ (كلمات مثل: صديقي العزيز أو أخي.)

_____
_____
_____
_____
_____

ب. ما الذي تخبرك به هذه الكلمات عن موقف الموجه تجاه الموجهين؟ هل ترغب في شخص مثل هذا في حياتك؟ هل تريد أن تكون هذا النوع من المرشد لشخص ما؟ هل ترغب في أن يدعوك شخص ما بأسماء كهذه؟

_____
_____

٧. الإيمان المسيحي يمر من شخص إلى آخر. تلاميذ تدرب التلاميذ. بولس درب تيموثاوس وسيلا وتيطس. قام بتدريب الشباب لنقل الرسالة بعد رحيله. يمكنك أن ترى هذا التحول من التوجيه والقيادة في الآية الرئيسية لدينا.

٢ تيموثاوس ٢:٢
وَالتَّعَالِيمُ الَّتِي سَمِعْتَهَا مِنِّي بِحُضُورِ شُهُودٍ عَدِيدِينَ، أَوْدِعْهَا أَمَانَةً بَيْنَ أَيْدِي أُنَاسٍ جَدِيرِينَ بِالثِّقَةِ، يَكُونُونَ قَادِرِينَ عَلَى تَعْلِيمِ الآخَرِينَ

أ. ما عدد "أجيال التلاميذ" التي يمكنك العثور عليها في هذه الآية؟

#_____

٨. ربنا يسوع المسيح كان أعظم صانع للتلاميذ في التاريخ. علّم يسوع الحشود ولكنه استثمر وقته في الاثني عشر. سار معه تلاميذه، وأكلوا معه، وعاشوا معه، واستوعبوا كل ما كان يعطيهم. حتى داخل دائرة الاثني عشر، يمكننا أن نرى يسوع يركز على ثلاثة. من هم هؤلاء التلاميذ الثلاثة الذين قضوا وقتًا خاصًا مع يسوع؟

11-34

متي ١٧:١ ___

متي ٢٦:٣٧ ___

مرقس ٥:٣٧ ___

[واحد إضافي هنا] مرقس١٣:٣ ___

___

لوقا ٨:٥١ ___

غلاطية ٢: ٩ يعطينا خاتمة مثيرة للاهتمام إلى الوقت الإضافي الذي يبدو أن يسوع قد قضاه مع "الثلاثة". ماذا يقول الرسول بولس عن هؤلاء الثلاثة؟

___

___

___

٩. هناك نمط رائع لخدمة يسوع وتلاميذه!

فعلها يسوع وأخبر التلاميذ.
فعلها يسوع وساعده التلاميذ.
فعلها التلاميذ وساعدهم يسوع.
فعلها التلاميذ وأخبروا يسوع.
عاد يسوع إلى السماء وفعلها التلاميذ.
كان تلاميذ التلاميذ يفعلون ذلك منذ ٢٠٠٠ عام.

هل لديك مرشد يساعد على تنمية مهاراتك في الخدمة؟ من وكيف؟

___

___

___

هل لديك شخص ما أنت مرشده؟ من وكيف؟

___

___

___

هل هناك شيء آخر تحتاجه من المرشد الخاص بك؟

____

____

هل هناك شيء آخر تحتاج إلى فعله مع المرشد الخاص بك؟

____

____

١٠. يقدم الرسول بولس بيانًا جريئًا للغاية في فيلبي ٤ : ٨-٩. بولس يقول شيئا بصراحة أخشى أن أقوله! ومع ذلك، هذا هو التحدي. هذا هو المعيار. انها في الكتاب المقدس. إنه شيء يجب على كل واحد منا أن يعيش من أجله ويطمح إليه. دعونا نفسرها. حدد الأشياء المحددة التي يدعوك بول للقيام بها.

وَخِتَاماً، أَيُّهَا الإِخْوَةُ: كُلُّ مَا كَانَ حَقّاً، وَكُلُّ مَا كَانَ شَرِيفاً، وَكُلُّ مَا كَانَ عَادِلاً، وَكُلُّ مَا كَانَ طَاهِراً وَكُلُّ مَا كَانَ مُسْتَحَبّاً، وَكُلُّ مَا كَانَ حَسَنَ السُّمْعَةِ، وَكُلُّ مَا كَانَ فِيهِ فَضِيلَةٌ وَخَصْلَةٌ حَمِيدَةٌ، فَاشْغَلُوا أَفْكَارَكُمْ بِهِ.
وَاعْمَلُوا بِهَا مَا تَعَلَّمْتُمْ وَتَلَقَّيْتُمْ وَسَمِعْتُمْ مِنِّي وَمَا رَأَيْتُمْ فِيَّ. وَإِلَهُ السَّلاَمِ يَكُونُ مَعَكُمْ.

____

____

١١. من السهل رؤية الرسول بولس على أنه شخصية من نوع "سوبرمان". فنحن نراه يكتب، ويعظ، ويرشد، ويزرع الكنائس، ويقضي سنوات من حياته بمفرده في السجن يكتب نصف العهد الجديد. يروي رومية ١٦ قصة مختلفة جداً بطريقة شخصية جداً. عندما تقرأ الفصل أريدك أن ترى العلاقات والصداقات التي كانت لدى بولس. كان بولس واعظًا عظيمًا وقائدًا ورسولًا وعالمًا لاهوتيًا. والأهم من ذلك أنه كان رجلاً له صداقات عميقة وثابتة. كان بولس للناس. كان يسوع للناس. الله هو كل شيء للناس. يجب أن تكون حياتنا كتلاميذ ليسوع المسيح للناس! إذا كنت شخصًا يعني بالتفاصيل حاول حساب عدد الأشخاص الذين يذكرهم بولس في هذا الفصل. الرقم سيمحو أي فكرة أن بولس رسولا وحدانيا.

ما هي صورة علاقات بولس التي يرسمها لك هذا الفصل؟
_____
_____
_____

استنتاج:
أحب ما قاله آندي ستانلي في مؤتمر ٢٠١٣. قال: "إن مسؤوليتنا ليست ملء الأكواب. مهمتنا هي إفراغ فنجاننا الخاص. "لا يمكنني أن أكون الله أو يسوع أو الروح القدس لشخص آخر. أستطيع أن أتقاسم بتواضع ما أعطاه الله لي وأظهر لي. أنا لست مسؤولاً عما لا أملك وما لا أعرفه. أنا مسؤول عن أن أكون خادما مخلصا لجميع من أعطاني الله!

يدعو الله المسيحيين ليكونوا أتباع المسيح. إن علامة أتباع المسيح الناضجين هي أنك تساعد الآخرين على اتباع المسيح. نحن لسنا أشخاص مثاليين يعلمون الناس المكسورين كيف يصبحون مثاليين. نحن أبناء الآب السماوي نتمتع بمشاركة الهدايا التي وهبنا الله إياها مع الآخرين. فقط كن على استعداد لتفريغ فنجانك في حياة شخص آخر. ما أنت عليه وما لديك، في يد الروح القدس، هو كل ما تحتاجه!

كل ما لديك هو هدية من الله.
كل ما يمكنك مشاركته هو هبة نعمته!

كن مخلصا لمنح كل ما عندك للمسيح
لأولئك الذين يعطيك الله لتخدمهم!

تذكر...
ما لديك يكفي للعطاء.

لأنك استلمتها من الله،
ودعاك لمشاركتها!

لا تسمح أبداً بما لم يكن لديك
لإملاء كيف تستخدم ما لديك!

" الطريقة "

تسجيل الدخول:
قد تكون هذه الجلسة سهلة للبعض وصعبة على الآخرين. يمكن أن يكون قبول دعوة الله لتكون معلمًا أو مدربًا أو صانعَ تلاميذ سيئًا للغاية. صلاتي هي أننا سنتجنب الخوف والعجرفة. ليست هناك حاجة هنا للعجرفة. أو للتراجع عن دعوتنا. رغبتنا هي أن نحب ونخدم ونشارك كل ما وهبنا الله به لمن يجلبه إلينا. هذا ليس عن مدى عظمتك وعظمتي. إنها تدور حول الدعوة التي قدّمها يسوع المسيح لك ولي لإعداد التلاميذ. قد يتحدى هذا تقاليدك وفهمك لدورك في جسد المسيح. لكن هذا ليس خيارًا. هذا هو عملنا الأساسي لطاعة سيدنا. كن منفتحًا لله ليستخدمك في بعض الطرق الجديدة والرائعة والعميقة في الكتاب المقدس. استمتع بوقتك مع معلمك.

بدء المناقشة:
١. أذكر أسماء الرجال والنساء الذين استثمروا في حياتك من خلال التوجيه أو التدريب أو التلمذة. انظر في دعوتهم وشكرهم على خدمتهم.

_____
_____
_____
_____
_____
_____

٢. ما الذي فعلوه بالضبط لك أنت؟

_____
_____
_____

٣. كيف فعلوا ذلك؟ ما هي البذور التي زرعها هؤلاء الناس الثمينون في حياتك؟

_____
_____
_____
_____
_____

٤. كيف جعلتك هذه الجلسة تشعر بشأن دعوتك لتكون تلميذاً، ودورك كصانع للتلاميذ؟

5. مرة أخرى راجع هذه الدورة. هل كانت هناك مفاهيم أو أسفار محددة في هذه الجلسة تحدتك؟

٦. هل هناك أي شيء يمنعك من أن تصبح مرشدا؟

ملاحظات:

دائرة النفوذ:

حتى هذه النقطة تحدثنا عنك محبة، الصلاة، خدمة، ومشاركة المسيح مع دائرة نفوذك. كل هذا رائع. لكن الدائرة تكتمل عندما يصبح "التلميذ" صانعا للتلاميذ. عندما يصبح الطالب معلما. أصلي من أجل اليوم الذي يجلب فيه الله شخصًا في حياتك يتوق إلى تجربة علاقة مثلك مع الشخص الذي ينقلك عبر البداية السريعة. دخلت امرأة تدعى ليسلي إلى مكتبي الأسبوع الماضي وأمسكت بثلاث نسخ من البداية السريعة من على الرفّ. ابتسمت وأخبرتني أسماء السيدات اللواتي ستلتقي بهن. أخبرتني، "هؤلاء هم ثالوثي الثالث." [ثالوث هي مجموعة من ثلاثة.] ابنة سيدة دربتها على الإشراف تقوم الآن بتدريب خمس نساء على البداية السريعة في مدينة أخرى. عندما تنضم إلى موكب الفوز بالنفوس، صنع التلاميذ، اتباع المسيح لا تعرف أبدًا ماذا سيفعل الله!

فكر أخري من القبعات الخضراء:
عندما كان عمري ثمانية عشر عاما انضممت إلى القوات الخاصة بالجيش الأمريكي. كان هناك شهرين من التدريب الأساسي في فورت بولك، لويزيانا. شهرين في مدرسة الهندسة في فورت ليونارد وود، ميزوري. شهر واحد في مدرسة القوات الجوية في فورت. بننج، جورجيا.
ثم سافرنا بالحافلة إلى فورت براج، كارولاينا الشمالية. لقد أمضينا عدة أسابيع في مرحلة ما قبل التدريب، الجري، المشي لمسافات طويلة، والسباحة. في خريف عام ١٩٧٤ ذهبت إلى كامب ماكال. بعد شهر واحد من المرحلة الأولى عاد ثمانية وعشرون منا إلى فورت براج وبدأت المرحلة الثانية. درسنا الهدم والبناء. كان تدمير الأشياء أكثر متعة وأسرع من بناءها. ثم في المرحلة الثالثة، عدنا إلى كامب ماكال لتدريبنا على حرب العصابات. بعد عشرة أشهر من الجنون، حصلت على شارة حمراء لقبعتي الخضراء التحقت بمجموعة أ-٧٣٢ في مجموعة القوات الخاصة السابعة.

ظننت أنني أعرف الكثير ولكن أدركت بسرعة أنني كنت أعرف القليل جدا. بعد الانضمام إلى فريقي، اكتشفت العبقرية الحقيقية للقوات الخاصة. العديد من الوحدات العسكرية تفعل أشياء مذهلة. لكل منها مهمتها الفريدة. أنا أحترمهم بشدة. خدم أقدم صديقي لي في الغواصات. ما زال لا يتحدث عن المكان الذي ذهب إليه وما فعله. ذهب صديق آخر إلى وكالة المخابرات المركزية. وآخر إلى فن الدفاع عن النفس والتدريب مع القوات الخاصة البحرية. انضم ابني المتبني جون إلى البحرية ليكون فني أسنان ولكن انتهى كمساعد في عملية عاصفة الصحراء حلويات واحدة مع سي بي ٤٠ إم إن وآخر صديق جيد لم يطير لأي مكان أو فعل أي شيء مع النمور الطائرة. الضحك بصوت مرتفع تبين أن القبعات الخضراء معلمون. يمكنهم القيام بكل الأشياء العسكرية الرائعة. يديرون، يقفزون، يسبحون، يطلقون النار، ويفجرون الأشياء. والأهم من ذلك أنهم يدربون الآخرين على القيام بذلك. اثنا عشر من القبعات الخضراء يمكنهم تجنيد وتدريب قوة من السكان الأصليين في أي مكان في العالم. ولهذا السبب غالباً ما يطلق عليهم "قوة المضاعفات". ولهذا يخشاهم أمراء الحرب والطغاة. معظم الجنود يقاتلون الحروب. القبعات الخضراء هم خميرة الثورات.

بمجرد أن انضممت إلى أ-٧٣٢ علمت أن القبطان كان يقوم بتدريب ملازم لقيادة فريقه الخاص. كان رقيب الفريق يقوم بتدريب رقيب المخابرات ليقود فريقه الخاص. الرتب الكبيرة تدريب الرتب الصغيرة. كبار الفدائيين يدربون صغارهم. كان الطبيب الأقدم يقوم بتدريب الطبيب الصغير وكان كبير المهندسين يدربني. كان كل يدرب شخصًا لتولي وظيفته. في فترات ما بعد الظهر، غالباً ما نلتقي في المدرسة ونمارس تدريب بعضنا البعض. يا لها من استراتيجية مذهلة لتجنيد وتدريب وقيادة قوة محلية. يبدو هذا هو ما فعله يسوع المسيح عندما جاء إلى الأرض وقام بتجنيد اثني عشر تلميذا ليكونوا معه. قاموا بجمع حلقة أكبر من ١٢٠، لكن يسوع لم يغفل عينه عن الدائرة الداخلية. في مركز الدائرة كان بطرس يعقوب يوحنا. هكذا ولد يسوع ثورة.
حصلت القبعات الخضراء على هيكلها من الخروج ١٨ ونمط إرشادهم من يسوع المسيح. لقد حان الوقت للكنيسة لفهم واستعادة طريقة المعلم. يجب على الكنيسة استعادة تراثها لصنع التلاميذ والعمل لليوم عندما يقوم الجميع بتدريب شخص ما. ويقوم شخص ما بتدريب الجميع للفوز بالعالم من خلال شخص ما. واحد والجميع في كل مرة.

البداية السريعة – درس ١٢

"العمل الواجب"

المقدمة:
هذا الأسبوع سوف نبحث في مجموعة مثيرة من الكتب المقدسة. نحن نعرفهم على أنهم "الأخوة المتوحدون". سوف يطلعوننا على الأشياء الأساسية التي يجب على المؤمنين أن يفعلوها من أجلها، ومع بعضهم البعض. في الأسبوع المقبل سنبحث في العهد الجديد من الكتاب المقدس الذي يبين لنا ما لا يجب فعله. أدعو أن تعطيك هذه الجلسة صورة جيدة عن الطريقة التي يجب على المؤمنين أن يتصرفوا بها تجاه بعضهم البعض. سلوكنا تجاه بعضنا البعض يساعد بشكل كبير أو يعوق بشكل جذري قضية المسيح. أصلي هذه الجلسة تتواصل مع قلبك!

آية للحفظ والتأمل ١ يوحنا ٣:٢٣
وَأَمَّا وَصِيَّتُهُ فَهِيَ أَنْ نُؤْمِنَ بِاسْمِ ابْنِهِ يَسُوعَ الْمَسِيحِ، وَأَنْ يُحِبَّ بَعْضُنَا بَعْضاً كَمَا أَوْصَانَا

درس:

يتم ترجمة العديد من الكلمات اليونانية والعبرية المختلفة عندما نستخدم مصطلح "بعضنا البعض" نحن نتحدث عن الأشخاص الذين يرتبطون بعضهم مع بعض. وهو مصطلح تعددية ويقترح مستوى معين من العلاقة. هناك شعور بالألفة والتجربة المشتركة، خاصة في العهد الجديد.

تعد دراسة "بعضنا البعض" متابعة مثالية لقراءة رومية 16 في الإسبوع الماضي. لقد ختمنا جلستنا حول التوجيه مع الفكرة الأساسية بأن عمل الخدمة والمملكة هو كل شيء للناس. اليوم، سيكون مجال تركيزنا الرئيسي على من نحن في المسيح وكيف نتعامل مع أبنائه، إخواننا وأخواتنا، الأمهات والآباء، الأبناء الروحيين والبنات.

١. اقرأ كل آية. استخدم المساحة تحت الآية لتسجيل أفكارك وملاحظاتك. ما هو الأمر؟ ماذا يمكنك أن تتعلم من "بعضنا البعض" عن ترابط وسلوك الناس؟ كن منفتحًا على الاتصالات العشوائية التي تقفز في وجهك. هذا هو وقتك للتعلم في الكلمة! لا تقلق من أن تكون على صواب أو خطأ، فقط اقرأ واستمع إلى الله. من نحن وكيف ينبغي أن نعامل بعضنا البعض في جسد المسيح؟

أ. أرميا ٩: ٢٠
فَاسْمَعْنَ أَيَّتُهَا النِّسَاءُ قَضَاءَ الرَّبِّ، وَلْتَفْهَمْ آذَانُكُنَّ كَلِمَةَ فَمِهِ: لَقِّنَّ بَنَاتِكُنَّ الرِّثَاءَ، وَلْتُعَلِّمْ كُلٌّ مِنْهُنَّ صَاحِبَتَهَا النَّدْبَ

ب. صفنيا ٣: ١٣
وَلَنْ يَرْتَكِبَ بَقِيَّةُ إِسْرَائِيلَ الإِثْمَ، وَلاَ يَنْطِقُونَ بِالْكَذِبِ، وَلَيْسَ فِي أَفْوَاهِهِمْ غِشٌّ، بَلْ يَعِيشُونَ آمِنِينَ مِنْ غَيْرِ أَنْ يُهَدِّدَهُمْ أَحَدٌ

ت. زكريا ٧: ٩
هَذَا مَا يَقُولُهُ الرَّبُّ الْقَدِيرُ، اقْضُوا بِالْعَدْلِ، وَلْيُبْدِ كُلٌّ مِنْكُمْ إِحْسَاناً وَرَحْمَةً لأَخِيهِ

ث. يوحنا ١٣: ٣٥
بِهَذَا يَعْرِفُ الْجَمِيعُ أَنَّكُمْ تَلاَمِيذِي: إِنْ كُنْتُمْ تُحِبُّونَ بَعْضُكُمْ بَعْضاً

ج. رومية ١٣: ٨
لاَ تَكُونُوا فِي دَيْنٍ لأَحَدٍ، إِلاَّ بِأَنْ يُحِبَّ بَعْضُكُمْ بَعْضاً. فَإِنَّ مَنْ يُحِبُّ غَيْرَهُ، يَكُونُ قَدْ تَمَّمَ الشَّرِيعَةَ

ح. ١ كورنثوس ٦:٧

وَالْوَاقِعُ أَنَّهُ مِنَ الْعَيْبِ عَلَى الإِطْلاقِ أَنْ يُقَاضِيَ بَعْضُكُمْ بَعْضاً. أَمَا كَانَ أَحْرَى بِكُمْ أَنْ تَحْتَمِلُوا الظُّلْمَ وَأَحْرَى بِكُمْ أَنْ تَتَقَبَّلُوا السَّلْبَ

خ. غلاطية ٥:١٣

فَإِنَّمَا إِلَى الْحُرِّيَّةِ قَدْ دُعِيتُمْ، أَيُّهَا الإِخْوَةُ؛ وَلَكِنْ لاَ تَتَّخِذُوا مِنَ الْحُرِّيَّةِ ذَرِيعَةً لإِرْضَاءِ الْجَسَدِ، بَلْ بِالْمَحَبَّةِ كُونُوا عَبِيداً فِي خِدْمَةِ أَحَدِكُمُ الآخَرَ

د. أفسس ٤:٣٢

وَكُونُوا لُطَفَاءَ بَعْضُكُمْ نَحْوَ بَعْضٍ، شَفُوقِينَ، مُسَامِحِينَ بَعْضُكُمْ بَعْضاً كَمَا سَامَحَكُمُ اللهُ فِي الْمَسِيحِ

ذ. أفسس ٥:٢١

خَاضِعِينَ بَعْضُكُمْ لِبَعْضٍ فِي مَخَافَةِ الْمَسِيحِ

ر. فيلبي ٢:٢

فَتَمِّمُوا فَرَحِي بِأَنْ يَكُونَ لَكُمْ رَأْيٌ وَاحِدٌ وَمَحَبَّةٌ وَاحِدَةٌ وَنَفْسٌ وَاحِدَةٌ وَفِكْرٌ وَاحِدٌ

ز. ١ تسالونيكي ٣:١٢
وَلْيَجْعَلْكُمُ الرَّبُّ تَنْمُونَ وَتَفِيضُونَ فِي الْمَحَبَّةِ لِتُحِبُّوا بَعْضُكُمْ بَعْضاً وَجَمِيعَ النَّاسِ كَمَحَبَّتِنَا لَكُمْ،

ع. ١ تسالونيكي ٤:٩
أَمَّا الْمَحَبَّةُ الأَخَوِيَّةُ، فَلَسْتُمْ فِي حَاجَةٍ لأَنْ أَكْتُبَ إِلَيْكُمْ عَنْهَا، لأَنَّكُمْ بِأَنْفُسِكُمْ قَدْ تَعَلَّمْتُمْ مِنَ اللهِ أَنْ تُحِبُّوا بَعْضُكُمْ بَعْضاً،

غ. ٢ تسالونيكي ١:٣
مِنْ وَاجِبِنَا أَنْ نَشْكُرَ اللهَ عَلَى الدَّوَامِ لأَجْلِكُمْ أَيُّهَا الإِخْوَةُ. كَمَا أَنَّ هَذَا حَقٌّ: لأَنَّ إِيمَانَكُمْ يَنْمُو نُمُوّاً فَائِقاً، وَمَحَبَّةَ أَحَدِكُمْ لِلآخَرِ تَفِيضُ بَيْنَكُمْ جَمِيعاً.

س. عبرانيين ١٠:٢٤
وَعَلَى كُلِّ وَاحِدٍ مِنَّا أَنْ يَنْتَبِهَ لِلآخَرِينَ، لِنَحُثَّ بَعْضُنَا بَعْضاً عَلَى الْمَحَبَّةِ وَالأَعْمَالِ الصَّالِحَةِ.

ش. عبرانيين ١٠:٢٥
وَعَلَيْنَا أَلاَّ نَنْقَطِعَ عَنِ الاجْتِمَاعِ مَعاً، كَمَا تَعَوَّدَ بَعْضُكُمْ أَنْ يَفْعَلَ. إِنَّمَا، يَجْدُرُ بِكُمْ أَنْ تَحُثُّوا وَتُشَجِّعُوا بَعْضُكُمْ بَعْضاً، وَتُوَاظِبُوا عَلَى هَذَا بِقَدْرِ مَا تَرَوْنَ ذَلِكَ الْيَوْمَ يَقْتَرِبُ.

ص. عبرانيين ١٣:٤
حَافِظُوا جَمِيعاً عَلَى كَرَامَةِ الزَّوَاجِ، مُبْعِدِينَ النَّجَاسَةَ عَنِ الْفِرَاشِ. فَإِنَّ اللهَ سَوْفَ يُعَاقِبُ الَّذِينَ يَنْغَمِسُونَ فِي خَطَايَا الدَّعَارَةِ وَالزِّنَى.

ض. ١ بطرس ٤:١٠

وَعَلَى كُلِّ وَاحِدٍ مِنْكُمْ أَنْ يَخْدِمَ الآخَرِينَ بِالْمَوْهِبَةِ الَّتِي أَعْطَاهُ اللهُ إِيَّاهَا، بِاعْتِبَارِكُمْ وُكَلاَءَ صَالِحِينَ مُؤْتَمَنِينَ عَلَى أَنْوَاعٍ مُتَعَدِّدَةٍ مِنَ الْمَوَاهِبِ الَّتِي يَمْنَحُهَا اللهُ بِالنِّعْمَةِ

ط. ١ يوحنا ٢:٧

أَيُّهَا الأَحِبَّاءُ، أَنَا لاَ أَكْتُبُ إِلَيْكُمْ هُنَا وَصِيَّةً جَدِيدَةً، بَلْ وَصِيَّةً قَدِيمَةً كَانَتْ عِنْدَكُمْ مُنْذُ الْبِدَايَةِ، وَهِيَ الْكَلِمَةُ الَّتِي سَمِعْتُمُوهَا قَبْلاً

ظ. ١ يوحنا ٣:١١

فَالْوَصِيَّةُ الَّتِي سَمِعْتُمُوهَا مُنْذُ الْبِدَايَةِ، هِيَ أَنْ يُحِبَّ بَعْضُنَا بَعْضاً،

ل. يوحنا الأولي ٤:٧

أَيُّهَا الأَحِبَّاءُ، لِنُحِبَّ بَعْضُنَا بَعْضاً: لأَنَّ الْمَحَبَّةَ تَصْدُرُ مِنَ اللهِ. إِذَنْ، كُلُّ مَنْ يُحِبُّ، يَكُونُ مَوْلُوداً مِنَ اللهِ وَيَعْرِفُ اللهَ

م. ٢ يوحنا ١:٥

وَالآنَ، أَيَّتُهَا السَّيِّدَةُ، لِي رَجَاءٌ أَطْلُبُهُ مِنْك، وَلاَ تَعْتَبِرِيهِ وَصِيَّةً جَدِيدَةً. وَإِنَّمَا هُوَ تِلْكَ الْوَصِيَّةُ الْمَوْجُودَةُ عِنْدَنَا مُنْذُ الْبَدَايَةِ، أَنْ يُحِبَّ بَعْضُنَا بَعْضاً

ن. ٢ يوحنا ١:٦

هَذِهِ هِيَ الْمَحَبَّةُ: أَنْ نَسْلُكَ وَفْقاً لِوَصَايَاهُ. وَهَذِهِ هِيَ الْوَصِيَّةُ، كَمَا سَمِعْتُمْ مُنْذُ الْبَدَايَةِ: أَنْ تَسْلُكُوا فِي الْمَحَبَّةِ!

---

٢. يجب تضمين ثلاث قوائم أساسية أخرى في هذا الدرس. وكما قلنا مرارًا وتكرارًا، فإننا لا نختبر سوى سطح الثروات في كلمة الله. ومع ذلك، فإن هذه المقاطع الثلاثة هي مفتاح ووصف محدد لدعوتنا وتوقعات الله لأطفاله.

أ. في متى ٥: ٣-١٢ يسوع يعظ ما يسمى في كثير من الأحيان الموعظة على الجبل. يرسم صورة للحياة في المملكة التي تضع مقياسا عالياً لا يمكن إلا أن نحاول الوصول إليه، ونقبل نعمة الله عندما نفشل. أي من الآيات التالية تصفك؟ أي منهم تتحداك أن تفعل وأن تكون أفضل؟

الإعداد: متي ٥: ١-٢

وَإِذْ رَأَى جُمُوعَ النَّاسِ، صَعِدَ إِلَى الْجَبَلِ. وَمَا إِنْ جَلَسَ، حَتَّى اقْتَرَبَ إِلَيْهِ تَلامِيذُهُ فَتَكَلَّمَ وَأَخَذَ يُعَلِّمُهُمْ فَقَالَ:

طُوبَى لِلْمَسَاكِينِ بِالرُّوحِ، فَإِنَّ لَهُمْ مَلَكُوتَ السَّمَاوَاتِ "٣"

طُوبَى لِلْحَزَانَى، فَإِنَّهُمْ سَيُعَزَّوْنَ "٤"

طُوبَى لِلْوُدَعَاءِ، فَإِنَّهُمْ سَيَرِثُونَ الأَرْضَ "٥"

طُوبَى لِلْجِيَاعِ وَالْعِطَاشِ إِلَى الْبِرِّ، فَإِنَّهُمْ سَيُشْبَعُونَ "٦"

طُوبَى لِلرُّحَمَاءِ، فَإِنَّهُمْ سَيُرْحَمُونَ "٧"

طُوبَى لأَنْقِيَاءِ الْقَلْبِ، فَإِنَّهُمْ سَيَرَوْنَ الله "٨"

طُوبَى لِصَانِعِي السَّلاَمِ، فَإِنَّهُمْ سَيُدْعَوْنَ أَبْنَاءَ اللهِ "٩"

طُوبَى لِلْمُضْطَهَدِينَ مِنْ أَجْلِ الْبِرِّ، فَإِنَّ لَهُمْ مَلَكُوتَ السَّمَاوَاتِ "١٠"

طُوبَى لَكُمْ مَتَى أَهَانَكُمُ النَّاسُ وَاضْطَهَدُوكُمْ، وَقَالُوا فِيكُمْ مِنْ أَجْلِي كُلَّ سُوءٍ كَاذِبِينَ "١١"

افْرَحُوا وَتَهَلَّلُوا، فَإِنَّ مُكَافَأَتَكُمْ فِي السَّمَاوَاتِ عَظِيمَةٌ. فَإِنَّهُمْ هَكَذَا اضْطَهَدُوا الأَنْبِيَاءَ مِنْ قَبْلِكُمْ "١٢"

ب. غلاطية ٥:٢٢-٢٣ يعطينا وصفاً جميلاً للعمل الذي ينتجه الروح القدس في حياتنا. "لكن الروح القدس ينتج هذا النوع من الفاكهة في حياتنا." أقضي بعض الوقت وتحدث إلى الله عن مكان كل من هذه "الفواكه الروحية" في حياتك. اكتب أي أفكار أو صلوات يقدمها لك الله. اسأل نفسك السؤال المثير، "هل تصفني هذه الكلمة؟" أو لماذا لا؟

الحب ______________________________________

____

الفرح ______________________________________

____

السلام ______________________________________

____

الصبر ______________________________________

____

اللطف ______________________________________

____

الصلاح ______________________________________

____

الأمانة ______________________________________

____

الوداعة ______________________________________

____

ضبط النفس ______________________________________

____

ربما تود تجربة هذا:
هل هناك واحدة أو أكثر من الثمار التي تحتاج إلى اهتمام خاص في حياتك؟ وهناك طريقة رائعة للعمل على قضايا شخصية هي حفظ الكتاب المقدس. كان لي مزاج رهيب عندما عدت من الجيش. وما زال هناك بعد أربعين عامًا، دائما يبحث عن فرصة للخروج. لقد دعاني الله إلى حفظ يعقوب ١ : ١٩-٢٠ في عام ١٩٧٨.

لِذَلِكَ، يَاإِخْوَتِي الأَحِبَّاءَ، عَلَى كُلِّ وَاحِدٍ مِنْكُمْ أَنْ يَكُونَ مُسْرِعاً إِلَى الإِصْغَاءِ، غَيْرَ مُتَسَرِّعٍ فِي الْكَلاَمِ، بَطِيءَ الْغَضَبِ
لأَنَّ الإِنْسَانَ، إِذَا غَضِبَ، لاَ يَعْمَلُ الصَّلاَحَ الَّذِي يُرِيدُهُ الله

إلى يومنا هذا تأتي هذه الآية إلى ذهني عندما أجد نفسي أغضب. لا أستطيع أن أخبركم كم مرة عضت لساني حين أفكر، "إن غضب الإنسان لا يعمل بر الله". ابحث عن آية تتحدث إلى المنطقة التي تحتاج إلى العمل فيها. إحفظها، وتأمل فيها، واسمح للروح القدس ليطبقها عند الضرورة. ستندهش من قوة الكلمة لتصحيح السلوك السيئ.

ت. توجد القائمة الخاصة الثالثة والأخيرة في كورنثوس الأولى ١٣. كما أنها التدريب النهائي لهذه الدورة أدعوك إلى كتابة اسمك في هذه الفقرة الرائعة. خذ تعريف الحب الذي يعطيه بولس، واجعله خاصا لحياتك! أثناء قيامك بذلك، صلي الله أن يجعل كل ما درسته في هذه الجلسة يعمل به بعمق وبشكل دائم في حياتك! فليبارك الله كل واحد منا ونحن نواصل المسير المسيحي بعضنا مع بعض!

الفنانون: كيف يبدو الحب في حياتك؟

هو: ________________

إذا أمكن

تكلم كل لغات الأرض والملائكة،

ولكن لم يحبوا الآخرين، ________________ لن يكون إلا صاخبًا

أو ضوضاء. ________________ إذا كان لديه موهبة النبوة،

وإذا ________________ فهم جميع خطط الله السرية

وامتلك كل المعرفة، وإذا ________________ كان لديه مثل هذا الإيمان

أن ________________ يمكن أن تحرك الجبال،

ولكن لم يحبوا الآخرين، ________________ لن يكون شيء.

إذا ________________ كان قد أعطى كل شيء ________________

للفقراء ________________ وحتى ضحى

________________ الجسم، يمكن أن تتباهى به؛

ولكن إذا ________________ لم يكن يحب الآخرين،

________________ لم تكن قد اكتسبت شيئا.

________________ صبور ووديع.

________________ لا يشعر بالغيرة أو التفاخر أو الفخر أو الوقاحة.

________________ لا يطالب بطريقته الخاصة.

________________ ليس سريع الإنفعال،

ولا يحتفظون بسجل للظلم.

________________ لا يفرح بالظلم

ولكن ابتهج كلما انتصرت الحقيقة.

________________ لا يستسلم أبدًا، ولا يفقد الإيمان أبدًا،

هو دائما متفائل،

ويتحمل كل الظروف.

ثلاثة أشياء ستدوم إلى الأبد

الإيمان والأمل والحب وأعظمهم هو الحب.

استنتاج:
عندما كان القس بول جنديًا، كان كل شيء يتعلق بسلسلة القيادة وأوامر الجنرال. كان حول القانون الموحد للعدالة العسكرية. عندما كان بول ضابط شرطة، كان كل شيء يدور حول قانون المركبات والقانون الجنائي. القوانين والقواعد واضحة نسبيًا وسهلة المتابعة.

مملكة الله مختلفة جدا. توضح جلسة هذا الأسبوع، مرة أخرى، أن ملكوت الله يدور حول العلاقات. الأمر يتعلق بحب الناس وخدمة الناس وتسامح الناس. يتعلق الأمر بمن نحن أكثر مما نفعل. إذا أصبحنا الشعب الذي يريدنا المسيح أن نكون فإننا سنفعل الأشياء التي يريدنا الله أن نفعلها. إنه التغيير والتحول من الداخل إلى الخارج. وهذا يحدث في المجتمع!

الفنانون:
أي واحد من مفهوم "بعضنا البعض" يتحداك؟

مملكة الله تدور حول:

لص على الصليب.

امرأة خاطئة عند البئر.
التلاميذ الذين لم يفهموا هذه النقطة.
صديق موثوق به نفى يسوع ثلاث مرات.
ملك زنا مع زوجة صديقه
ثم قتله لتغطية ذلك.

إنها عن اللصوص والكذابين والسكارى والعبيد للخطية،
والفريسيون الذين صاروا قديسين!
حول البشر الغارقون في الخطية
الذين يحملون كل ندوب الحياة!

غسل الخطاة بالدم، استحم في الماء،
مغمور في الكلمة، مليئة بالروح،
ودعوة إلى اتخاذ مكانهم
في الشركة المجيدة للمفديين!

حيث يمكنهم قضاء بقية حياتهم الأرضية
لاستكشاف بعضهم البعض، البركات، والثمار،
وحب المخلص الثمين!

عندما ننهي السباق سنسمع كلمات الترحيب
"حسنا فعلت، ايها الخادم المخلص الأمين!"
لأننا كنا كل هؤلاء الناس!

مرحبا بكم في العائلة التي اشتراها دم
ربنا ومخلصنا الحي.

حيث لا توجد ادانة
لأي تائب يؤمن
بيسوع المسيح ابن الله الحي.

مرحبا بكم في بيت القديسين!

"العمل الواجب"

تسجيل الدخول:
من الممكن أن تكون هذه الجلسة قد تحدت بعض صفاتك الشخصية طوال الحياة. غالباً ما تكون هناك فجوة بين من نكون، ومن نظن أننا، ومن نرغب حقاً أن نكون. لحسن الحظ، إن الله لديه التزام أبدي بتحويلك. هذه الجلسة دعتكم لتكونوا صرحاء في مجال الشخصية. ماذا تعلمت عن نفسك عندما نظرت في مرآة كلمة الله؟ شارك ما أظهره الله لك هذا الأسبوع مع مرشدك. لا تنظر فقط في المرآة وتحول. واجه نفسك وانمو في النعمة!

بدء المحادثات:

١. هل كانت هناك فكرة واحدة سيطرت عليك هذا الأسبوع؟

____

____

٢. ما الذي جذب انتباهك في "بعضنا البعض"؟

____

____

٣. ما الذي تحداك في البركات؟

____

____

4. كيف تعاملت مع ثمار الروح؟

____

____

5. هل هناك شيء من ١ كورنثوس ١٣ أثر عليك بطريقة ما؟ ماذا؟

____

____

6. هل هناك بعض الأعمال التي يجب عليك القيام بها أكثر من مرة؟

____

____

____

ملاحظات:
_____
_____
_____
_____
_____
_____
_____

دائرة النفوذ:

قمت هذا الأسبوع بفحص بعض الأسفار المقدسة التي رسمت صورة قوية عن الرجل أو المرأة التي دعاك الله أن تكونها. من الممكن أن دائرة نفوذك تعرف أنك شخص آخر. من أنت حقا ليست على الأرجح سرًا لمن يعرفك أفضل. كن على دراية بأن التغيير في حياتك قد يسبب الضيق في حياة الآخرين. في كتابه الحاخام إدوين فريدمان " جيل إلى جيل" يشارك مفهوم ساحر.

هو يشير إلى أن الشخص السيئ في نظام الأسرة الصحي يعتبر مشكلة. معظمنا يتفق مع هذا الفكر. ثم يذهب إلى القول بأن الشخص السليم في النظام السيئ يُنظر إليه أيضًا على أنه المشكلة. إذا بدأت في إظهار شخصية المسيح لدائرة نفوذك كن مستعدا لمجموعة واسعة من الردود. سيحتفل بعض الناس بالضوء والفرح الذي يجلبه الله. قد ينطلق البعض الآخر مثل الصراصير التي يتم اصطيادها في ضوء جديد مشرق. قال يسوع، "لم يعرف الناس خطيتهم حتى جاء بينهم". قد يكون الأمر نفسه صحيحًا بالنسبة لك. قد تكون المرآة التي تعكس الضوء في دائرة نفوذك المظلمة.

حاول أن لا تكون فخوراً، أو متعجباً، أو باراً، أو مزعجاً. في الوقت نفسه، لا تدع دائرة نفوذك تضغط عليك بطبيعتها. عندما توقف القس بول عن تدخين المخدرات وشرب الخمر في صيف عام ١٩٧٧ فقد بعض أصدقائه. لم يعرفوا كيف يتعاملون مع شخص يمر بالمفصل دون أن يضرب. تغييره في السلوك والشخصية فتح الباب لمجموعة جديدة رائعة من الأصدقاء. ساعده هؤلاء الأصدقاء الجدد في السير في اتجاهات حيث لم تساعده الطرق القديمة. الله يعطيك السلام والحكمة والتوازن والبركة وأنت تسير مع يسوع.

"العمل الغير واجب"

المقدمة:
في الأسبوع الماضي، أمضينا وقتنا في النظر إلى بعض الواجبات المسيحية. هذا الأسبوع سوف ننظر إلى بعض الممنوعات من العهد الجديد. نحن لسنا تحت القانون بنفس الطريقة كما في إسرائيل العهد القديم. ومع ذلك، فإن العهد الجديد يعطينا عددا من الفقرات التي ترسم صورة واضحة عمن لا يريدنا الله أن نكون وما لا يريد الله منا أن نفعل! اسمح للروح القدس أن يفتح قلبك لتصحيحه وأنت تنظر في هذه الجلسة! واجه، لا تتوانى، واستمر في النمو! "كلمة الله هي السندان، والروح هو المطرقة، وأنت الفولاذ"، كما قال تشارلز هادون سبورجون منذ أكثر من مائة عام.

آيات رئيسية للحفظ والتأمل: ١ كورنثوس ٦: ٩

أَمَا تَعْلَمُونَ أَنَّ الظَّالِمِينَ لَنْ يَرِثُوا مَلَكُوتَ اللهِ؟ لاَ تَضِلُّوا: فَإِنَّ مَلَكُوتَ اللهِ لَنْ يَرِثَهُ الزُّنَاةُ وَلاَ عَابِدُو الأَصْنَامِ وَلاَ الْفَاسِقُونَ وَلاَ الْمُتَخَنِّثُونَ وَلاَ مُضَاجِعُوا الذُّكُورِ

درس:
تعلمنا في ٢ تيموثاوس ٣: ١٦-١٧ أن،

إِنَّ الْكِتَابَ بِكُلِّ مَا فِيهِ، قَدْ أَوْحَى بِهِ اللهُ؛ وَهُوَ مُفِيدٌ لِلتَّعْلِيمِ وَالتَّوْبِيخِ وَالتَّقْوِيمِ وَتَهْذِيبِ الإِنْسَانِ فِي الْبِرِّ،
لِكَيْ يَجْعَلَ إِنْسَانَ اللهِ مُؤَهَّلاً تَأْهِيلاً كَامِلاً، وَمُجَهَّزاً لِكُلِّ عَمَلٍ صَالِحٍ.

ولكي يحدث ذلك، يجب أن نكون مستعدين لإشراك الكلمة والسماح للكلمة بإشراكنا. يعقوب تحدانا في يعقوب ١: ٢٢-٢٥،

لاَ تَكْتَفُوا فَقَطْ بِسَمَاعِهَا، بَلِ اعْمَلُوا بِهَا، وَإِلاَّ كُنْتُمْ تَغُشُّونَ أَنْفُسَكُمْ. فَالَّذِي يَسْمَعُ الْكَلِمَةَ وَلاَ يَعْمَلُ بِهَا، أَمَّا يَكُونُ كَمَنْ يَنْظُرُ إِلَى الْمِرْآةِ لِيُشَاهِدَ وَجْهَهُ فِيهَا وَبَعْدَ أَنْ يَرَى نَفْسَهُ، يَذْهَبُ فَيَنْسَى صُورَتَهُ حَالاً الَّذِي يَنْظُرُ بِالتَّدْقِيقِ فِي الْقَانُونِ الْكَامِلِ، قَانُونِ الْحُرِّيَّةِ، وَيُوَاظِبُ عَلَى ذَلِكَ، فَيَكُونُ كَمَنْ يَعْمَلُ بِالْكَلِمَةِ لاَ كَمَنْ يَسْمَعُهَا وَيَنْسَاهَا، فَإِنَّ اللهَ يُبَارِكُهُ كَثِيراً فِي كُلِّ مَا يَعْمَلُهُ.

قد تكون جلسة هذا الأسبوع صعبة في بعض الأحيان. سوف نلقي نظرة جادة على الأشياء التي لا يجب أن يفعلها المؤمنون! إذا رأيت نفسك في هذه الكتب المقدسة، فقد وضع الله أمامك فرصة تحويلية. وجه نفسك. لا تنظر بعيدا. سوف يجعلك يسوع شيء جديد! قد تدرك أيضا أن الكتاب المقدس يمكن أن يتصادم مع الثقافة.

١. ١ كورنثوس ٦: ٩-١١ يعطينا إعلانًا عظيمًا عن الخطية، والأمل!
ما هو التحذير الذي قدمه لنا بولس في ٩ أ؟
_____
_____

أ: لنبدأ قائمة الأشياء التي لا يجب أن تكون من الآيات ٩ ب / ١٠. اكتب الخطايا المحددة التي يحرمها الله. [ملاحظة: قائمتي من العهد الجديد.]
_____
_____
_____
_____

ب. يمكن للقوائم التي سنقوم بدراستها في هذه الجلسة أن تصبح قمعية! ليس من السهل التفكير في "لا تفعل هذا ولا تفعل ذلك." الأفعال الممنوعة ليست سوى نصف القصة الإنجيلية. يبدو أن الله يجمع بين البركات والوعود مع التحذيرات والعقاب. هذا هو السبب في أنه أعطانا الوعد في الآية ١١. تأمل في المعنى الماضي في هذه الآية.

ما هو الإعلان الماضي في ١١أ؟ كيف ينطبق هذا عليك؟
_____
_____
_____

كيف حدث هذا في ١١ب؟ ما هي النقاط الرئيسية في هذه الآية؟
_____
_____
_____

٢. يؤكد يسوع هذه الكلمة من الحكم في الفصل الأخير من الوحي. لقد كان يتحدث إلى جون وكان جون يكتب! ما التحذير الذي يعطيه يسوع؟

رؤيا ٢٢: ١٢-١٥

"١٢" إِنِّي آتٍ سَرِيعاً، وَمَعِي الْمُكَافَأَةُ لأُجَازِيَ كُلَّ وَاحِدٍ بِحَسَبِ عَمَلِهِ
"١٣" أَنَا الأَلِفُ وَالْيَاءُ، الأَوَّلُ وَالآخِرُ، الْبِدَايَةُ وَالنِّهَايَةُ
"١٤"طُوبَى لِلَّذِينَ يَغْسِلُونَ ثِيَابَهُمْ، فَلَهُمُ السُّلْطَةُ عَلَى شَجَرَةِ الْحَيَاةِ، وَالْحَقُّ فِي دُخُولِ الْمَدِينَةِ مِنَ الأَبْوَابِ
[تذكر سفر التكوين ٣:٢٤؟]

"١٥" أَمَّا فِي خَارِجِ الْمَدِينَةِ، فَهُنَالِكَ الْكِلاَبُ وَالْمُتَّصِلُونَ بِالشَّيَاطِينِ، وَالزُّنَاةُ وَالْقَتَلَةُ، وَعَبَدَةُ الأَصْنَامِ وَالدَّجَّالُونَ وَمُحِبُّو التَّدْجِيلِ

واصل قائمتك مع الآية 15:

____

____

____

٣. من السهل قراءة الكتاب المقدس والتأكيد على كل "الأجزاء السعيدة". ومع ذلك، كلما قرأت الكتاب المقدس كلما ازداد اقتناعي بأنه عملة ذات وجهين. وعد الله الوعد مع التحذير والمكافأة مع العقوبة. إن كلمات يسوع في رؤيا ٢١: ٥-٨ تتبع هذا النمط من المقارنة!

أ. ما هي الوعود في الآيات ٥-٧؟

____

____

ب. أضف إلى قائمتك من الآية ٨:

____

____

____

____

____

____

____

____

ت. ما التحذير الذي تراه لنفسك في الآيات أعلاه؟

---

٤. لنعد إلى "بعضنا البعض". في الأسبوع الماضي درسنا الأعمال الواجبة. هذه المرة سندرس "الأعمال الغير واجبة". ضع علامة اختيار على تلك التي تتحدث إليك.

اللاويين ١٩: ١١
لاَ تَسْرِقْ، وَلاَ تَكْذِبْ، وَلاَ تَغْدُرْ بِصَاحِبِكَ

١ كورينثوس ٣: ٣
فَإِنَّكُمْ مَازِلْتُمْ جَسَدِيِّينَ. فَمَادَامَ بَيْنَكُمْ حَسَدٌ وَخِصَامٌ (وَانْقِسَامٌ)، أَفَلاَ تَكُونُونَ جَسَدِيِّينَ وَتَسْلُكُونَ وَفْقاً لِلْبَشَرِ؟

١ كورنثوس ٦: ٧
وَالْوَاقِعُ أَنَّهُ مِنَ الْعَيْبِ عَلَى الإِطْلاَقِ أَنْ يُقَاضِيَ بَعْضُكُمْ بَعْضاً. أَمَا كَانَ أَحْرَى بِكُمْ أَنْ تَحْتَمِلُوا الظُّلْمَ وَأَحْرَى بِكُمْ أَنْ تَتَقَبَّلُوا السَّلْبَ؟

غلاطية ٥: ١٥
!فَإِذَا كُنْتُمْ تَنْهَشُونَ وَتَفْتَرِسُونَ بَعْضُكُمْ بَعْضاً، فَاحْذَرُوا أَنْ يُفْنِيَ أَحَدُكُمُ الآخَرَ

غلاطية ٥: ٢٦

!لاَ نَكُنْ طَامِحِينَ إِلَى الْمَجْدِ الْبَاطِلِ، يَسْتَفِزُّ بَعْضُنَا بَعْضاً، وَيَحْسُدُ أَحَدُنَا الآخَرَ

تأمل:
اقرأ هذه الآيات مرة أخرى. هذه المرة انظر من خلال عدسة الكنيسة بأكملها. كم مرة تلحق هذه الأنواع من السلوك الضرر بجسد المسيح؟ للأسف، عندما يسيء شخص ما إلي شخصٍ آخر فإنه يؤثر سلبيا علي شبكة كاملة من الناس. يمكن أن يكبر الضرر ويتضاعف. عندما تفكر في الأجيال المتعددة للكنيسة، تصبح آثار الإنقسام والضرر بالغة الأهمية. الخطايا العلائقية والأذى التي تسبب الانفصال في جسد المسيح يمكن أن تؤثر على الأطفال، والأحفاد، والأحفاد الكبار وكل الناس الذين ربما تأثروا من أجل قضية المسيح. أعمالنا، أو عدمها، لها عواقب أبدية.

كيف يمكنك تجنب التسبب بالضرر والانقسام داخل الكنيسة؟

____

____

____

5. في الأسبوع الماضي، نظرنا إلى الطريق إلى النعم التي منحنا إياها يسوع في العظة على الجبل. كان لدى يسوع أيضًا عدة تحذيرات شديدة لنا في نفس العظة. اقرأ متي ٥: ٢١ – ٦:4 العهد الجديد يكسر هذا إلى سبعة عناوين. ماذا يحذرنا يسوع في كل قسم من الأقسام؟

ا. ____
ب. ____
ت. ____
ث. ____
ج. ____
ح. ____
خ. ____

٦. عندما كان القس بول مسيحيا مبتدئا، كان يجتمع مع أحد أعضاء الكنيسة في فايتيفيل، نورث كارولاينا من أجل الإرشاد. خلال إحدى تلك المحادثات، قال له جون: "إذا وجدت نفسك في موقف غير لائق مع امرأة فقط اجري. استمر في الجري إلى لا تستطيع الجري! "[لا إهانة موجهة إلى بنات الله الثمينة. كانت نصيحة جيدة لصحي يبلغ من العمر اثنين وعشرين عامًا.] فيما يلي أربعة أشياء يجب عليك الجري منها. أضفهم إلى قائمتك.

أ. ١ كورنثوس ٦:١٨ ______________________________

ب. ١ كورنثوس١٠:١٤ ______________________________

ت. ١ تيموثاوس ٦:٩-١١ --

ث. ٢ تيموثاوس ٢:٢٢ --

7. كانت روما عاصمة إمبراطورية وثنية منحرفة. كان مركز الخطيئة والفجور. لم أتمكن من كتابة وصف صادق لجوانب معينة من الحياة الرومانية دون وضع تصنيف "للكبار فقط" على المستند. هذا السياق لا يختلف كثيرا عن يومنا وعصرنا. ضع هذه المدينة في ذهنك بينما تسمح للرسول بولس أن يتحدى كيف تعيش اليوم! أضف إلى قائمتك من رومية ١٣.

الآية ٨ ______________________________

الآية ٩ ______________________________

الآية ١٠ ______________________________

ماذا أخبرنا بولس أن نخلعها ونضعها في الآيات ١١/١٢؟

____

____

____

____

تدعونا الآية ١٣ في - ترجمة الملك جيمس -إلى السير بشكل صحيح. تخبرنا - ترجمة أخري - كيفية التصرف بشكل صحيح. وأخري تعلمنا التصرف بشكل لائق. تخبرنا أخري بعدم المشاركة في هذه الأشياء. ما هي الأشياء التي لا يجب علينا المشاركة فيها

____

____

____

____

____

"١٤"وَإِنَّمَا الْبَسُوا الرَّبَّ يَسُوعَ الْمَسِيحَ (تَمَثَّلُوا بِهِ)، وَلاَ تَنْشَغِلُوا بِالتَّدْبِيرِ لِلْجَسَدِ لِقَضَاءِ شَهَوَاتِهِ

أنت تعرف الأشياء التي تقوم بعرقلتك وتمتصك. كما قال المجرب للماوس، "أنا أعرف نوع الجبن المفضل لديك!" ما هي بعض الأشياء العملية التي يمكنك القيام بها لتجنب الانغماس في رغباتك الشريرة؟

---

٨. يستخدم الإصدار في عام ١٦١١ من نسخة الملك جيمس اللغة القديمة العظيمة قد ترتبط مع الوصايا العشر الأصلية في الخروج ٢٠. ويستخدم نفس اللغة ليقدم لنا قائمة العهد الجيد بالأشياء التي يجب ألا نفعلها. من أجل تمريننا النهائي لهذه الدورة، ندعوك لقراءة قائمة نسخة الملك جيمس وضع علامة اختيار بأي آية تواجهك. تذكر أن هذه الجلسة هي وقت رائع "للنظر في المرآة" لكلمة الله وتحديد الأشياء التي تخلفها! واجها، لا تتوانى، واستمر في النمو!

متى ٤: ٧

فَقَالَ لَهُ يَسُوعُ: وَقَدْ كُتِبَ أَيْضاً: لاَ تُجَرِّبِ الرَّبَّ إِلهَكَ

متى ٥: ٢١/٢٢

سَمِعْتُمْ أَنَّهُ قِيلَ لِلأَقْدَمِينَ: لاَ تَقْتُلْ! وَمَنْ قَتَلَ يَسْتَحِقُّ الْمُحَاكَمَةَ
أَمَّا أَنَا فَأَقُولُ لَكُمْ: كُلُّ مَنْ هُوَ غَاضِبٌ عَلَى أَخِيهِ، يَسْتَحِقُّ الْمُحَاكَمَةَ؛ وَمَنْ يَقُولُ لأَخِيهِ: يَا تَافِهُ! يَسْتَحِقُّ الْمُثُولَ أَمَامَ الْمَجْلِسِ الأَعْلَى؛ وَمَنْ يَقُولُ: يَا أَحْمَقُ! يَسْتَحِقُّ نَارَ جَهَنَّمَ!

متى ٥: ٢٧

وَسَمِعْتُمْ أَنَّهُ قِيلَ: لاَ تَزْنِ

متى ٥: ٣٣

وَسَمِعْتُمْ أَنَّهُ قِيلَ لِلأَقْدَمِينَ: لاَ تُخَالِفْ قَسَمَكَ، بَلْ أَوْفِ لِلرَّبِّ مَا نَذَرْتَهُ لَهُ

متى ٦: ٥

وَعِنْدَمَا تُصَلُّونَ، لاَ تَكُونُوا مِثْلَ الْمُرَائِينَ الَّذِينَ يُحِبُّونَ أَنْ يُصَلُّوا وَاقِفِينَ فِي الْمَجَامِعِ وَفِي زَوَايَا الشَّوَارِعِ لِيَرَاهُمُ النَّاسُ. الْحَقَّ أَقُولُ لَكُمْ: إِنَّهُمْ قَدْ نَالُوا مُكَافَأَتَهُمْ

متى ١٩: ١٨-١٩

فَسَأَلَ: «أَيَّةِ وَصَايَا؟» أَجَابَهُ يَسُوعُ: «لاَ تَقْتُلْ؛ لاَ تَزْنِ؛ لاَ تَسْرِقْ؛ لاَ تَشْهَدْ بِالزُّورِ؛
أَكْرِمْ أَبَاكَ وَأُمَّكَ؛ وَأَحِبَّ قَرِيبَكَ كَنَفْسِكَ

لوقا ٤:١٢

فَرَدَّ عَلَيْهِ يَسُوعُ قَائِلاً: قَدْ قِيلَ: لاَ تُجَرِّبِ الرَّبَّ إِلهَكَ

أعمال ٢٣:٥

فَأَجَابَ بُولُسُ: «لَمْ أَكُنْ أَعْرِفُ أَيُّهَا الإِخْوَةُ أَنَّهُ رَئِيسُ كَهَنَةٍ فَقَدْ جَاءَ فِي الْكِتَابِ: لاَ تَشْتِمْ رَئِيسَ شَعْبِكَ

رومية ١٣:٩

لأَنَّ الْوَصَايَا «لاَ تَزْنِ، لاَ تَقْتُلْ، لاَ تَسْرِقْ، لاَ تَشْهَدْ زُوراً، لاَ تَشْتَهِ....» وَبَاقِي الْوَصَايَا، تَتَلَخَّصُ فِي هَذِهِ الْكَلِمَةِ: «أَحِبَّ قَرِيبَكَ كَنَفْسِكَ

١ كورنثوس ٩:٩

فَإِنَّهُ مَكْتُوبٌ فِي شَرِيعَةِ مُوسَى: «لاَ تَضَعْ كِمَامَةً عَلَى فَمِ الثَّوْرِ وَهُوَ يَدْرُسُ الْحِنْطَةَ». تُرَى، هَلْ تُهِمُّ اللهَ الثِّيرَانُ

١ تيموثاوس ٥:١٨

لأَنَّ الْكِتَابَ يَقُولُ: «لاَ تَضَعْ كِمَامَةً عَلَى فَمِ الثَّوْرِ وَهُوَ يَدْرُسُ الْحُبُوبَ»، وَأَيْضاً: «الْعَامِلُ يَسْتَحِقُّ أُجْرَتَهُ»

رؤيا ٣:٣

تَذَكَّرْ مَا سَبَقَ أَنْ تَقَبَّلْتَهُ وَسَمِعْتَهُ، وَتَمَسَّكْ بِمَا آمَنْتَ بِهِ، وَتُبْ! فَإِنْ كُنْتَ لاَ تَتَنَبَّهُ، آتِيكَ كَمَا يَأْتِي اللِّصُّ، وَلاَ تَدْرِي فِي أَيَّةِ سَاعَةٍ أُفَاجِئُكَ

استنتاج:

عندما كان القس بول باحثا في صيف عام ١٩٧٧، قرأ الأناجيل الأربعة. عندما انتهى من قراءة متي ومرقس ولوقا ويوحنا أدرك الموت الرهيب الذي مات فيه المسيح ليدفع ثمن خطاياه. في ذلك الوقت، لم يكن لديه صورة واضحة عن رؤية الله للخطيئة. بطريقة ما قاده الروح القدس لقراءة كتاب الأمثال. عندما انتهى من الأمثال عرف على وجه اليقين أنه كان خاطئا. بعد وقت قصير، في أعمال ١٩، واجه الله بول وأعطاه خيارا. استمر في متابعة ملذات هذا العالم، فتموت، وتذهب إلى الجحيم. أو التوبة من ذنوبك، قبول نعمة الله من خلال يسوع المسيح، والذهاب إلى الفردوس عندما تنتهي رحلتك الدنيوية. يا له من خيار رائع!

رومية ٨:٢٩-٣٠

لأَنَّ الَّذِينَ سَبَقَ فَعَرَفَهُمْ، سَبَقَ فَعَيَّنَهُمْ أَيْضاً لِيَكُونُوا مُشَابِهِينَ صُورَةَ ابْنِهِ لِيَكُونَ هُوَ الْبِكْرَ بَيْنَ إِخْوَةٍ كَثِيرِينَ

وَالَّذِينَ سَبَقَ فَعَيَّنَهُمْ، فَهؤُلاَءِ دَعَاهُمْ أَيْضاً. وَالَّذِينَ دَعَاهُمْ، فَهؤُلاَءِ بَرَّرَهُمْ أَيْضاً. وَالَّذِينَ بَرَّرَهُمْ، فَهؤُلاَءِ مَجَّدَهُمْ أَيْضاً

لقد دعانا الله، والروح القدس يعمل معنا لمساعدتنا "لنكون مثل ابنه". آمل أن تتحدي هذه الجلسة شخصيتك المسيحية. أدعو الله أن يكون لديك رؤية أوضح عمالا تكون وماذا لا تفعل. اسمح لي أن أشجعك على عدم تركيز حياتك المسيحية على ما لا تفعل. من المهم أن تعرفهم وأن تهرب منهم. صلاتي هي أنك سوف تكون مشغولاً للغاية، ولن يكون لديك وقت للقلق بشأن ما يجب ألا تفعل. عندما تقصر وتصاب بالإحباط، ارتاح بكلمات يوحنا وبولس.

١ يوحنا ١:٨-٩

إِنْ كُنَّا نَدَّعِي أَنْ لاَ خَطِيئَةَ لَنَا، نَخْدَعُ أَنْفُسَنَا، وَلاَ يَكُونُ الْحَقُّ فِي دَاخِلِنَا وَلكِنْ، إِنِ اعْتَرَفْنَا للهِ بِخَطَايَانَا، فَهُوَ جَدِيرٌ بِالثِّقَةِ وَعَادِلٌ، يَغْفِرُ لَنَا خَطَايَانَا وَيُطَهِّرُنَا مِنْ كُلِّ إِثْمٍ

تيطس ٣:٤-٨

وَلَكِنْ، لَمَّا ظَهَرَ لُطْفُ مُخَلِّصِنَا اللهِ، وَمَحَبَّتُهُ لِلنَّاسِ،
خَلَّصَنَا لاَ عَلَى أَسَاسِ أَعْمَالِ بِرٍّ قُمْنَا بِهَا نَحْنُ، وَإِنَّمَا بِمُوجِبِ رَحْمَتِهِ، وَذلِكَ بِأَنْ غَسَلَنَا كُلِّيّاً غُسْلَ الْخَلِيقَةِ الْجَدِيدَةِ وَالتَّجْدِيدِ الَّذِي يُجْرِيهِ الرُّوحُ الْقُدُسُ،
الَّذِي سَكَبَهُ عَلَيْنَا بِغِنًى بِيَسُوعَ الْمَسِيحِ مُخَلِّصِنَا.
حَتَّى إِذَا تَبَرَّرْنَا بِنِعْمَتِهِ، نَصِيرُ وَرَثَةً، وَفْقاً لِرَجَائِنَا بِالْحَيَاةِ الأَبَدِيَّةِ.
صَادِقٌ هَذَا الْقَوْلُ! وَأُرِيدُ أَنْ تُقَرِّرَ هَذِهِ الأُمُورَ قَرَاراً حَاسِماً، حَتَّى يَهْتَمَّ الَّذِينَ آمَنُوا بِاللهِ بِأَنْ يَجْتَهِدُوا فِي الأَعْمَالِ الصَّالِحَةِ. هَذِهِ الأُمُورُ حَسَنَةٌ وَنَافِعَةٌ لِلنَّاسِ.

آمل أن تكون هذه الدورة قد ساعدتكم بقوة في فهم بقوة المفارقات المجيدة للكمال والفداء. لقد دعانا الله أن نكون مقدسين ومثاليين. ومع ذلك، لقد خلقنا، وهو يعلم ما هو فينا. عندما نخطئ لا يزال يحبنا ويغفر لنا. ديتريش بونهوفر يترك لنا صورة جميلة لهذه النعمة الغامضة والمجيدة.

"النعمة المكلفة هي الإنجيل الذي يجب البحث عنها مراراً وتكراراً، الهدية التي يجب أن نطلبها، الباب الذي يجب على الرجل أن يطرقه. هذه النعمة مكلفة لأنها تدعونا إلى اتباعها، وهي نعمة لأنها تدعونا إلى اتباع يسوع المسيح. إنها مكلفة لأنها تكلف الرجل حياته، وهي نعمة لأنها تمنح الرجل الحياة الحقيقية الوحيدة. إنها مكلفة لأنها تدين الخطيئة والنعمة لأنها تبرر الخاطئ. فوق كل شيء، إنها مكلفة لأنها تكلف الله حياة ابنه: "لقد تم شراؤك بسعر ما"، وما كلف الله كثيراً لا يمكن أن يكون رخيصاً بالنسبة لنا. وفوق كل شيء، إنها نعمة لأن الله أيضاً لم يحسب لابنه ثمناً ليدفع ثمن حياتنا، بل أسلمه لنا. النعمة المكلفة هي تجسد الله."
ديتريش بونهوفر في" تكلفة التلمذة"

مرحبًا يا فنانين: كن مبدعًا وارسم كسر قيودك!

"العمل الغير واجب"

تسجيل الدخول:
هل شعرت بالخوف من هذه الجلسة؟ قد تكون دعتك لإختبار النفس الخطير. خذ ما أظهره الله لك بجدية. دع الروح القدس يستخدمه لتحويل شخصيتك وسلوكك. شارك مع معلمك ما تعلمته. للأسف، يمكن لكنائسنا الحديثة أن تنشغل في نعمة الله، وتنسى الدعوة إلى القدس والقداسة والطاعة. قال يسوع بوضوح شديد، "إذا كنت تحبني، فسوف تطيعني". من الضروري أن تعرف الأعمال الغير واجبة على أنها أساس قبل الانتقال إلى تغيير الشخصية. قد يكون هذا وقتًا عظيمًا للمجازفة باعتراف خطاياكم لبعضكم البعض، والصلاة لبعضكم البعض.

بدء المناقشة:
١. راجع الدرس. ابحث عن الأماكن التي أدانتك فيها كلمة الله أو شجعتك أو واجّهتك. ماذا قال الله لك؟

___

___

٢. هل هناك أي مناطق محددة تصادمت فيها حياتك مع كلمة الله؟

___

___

٣. هل هناك خطوات يدعوك الله إلى اتخاذها في منطقة معينة؟ كيف يمكن للمعلم والتلميذ مساعدة وتشجيع بعضهم البعض في هذا المجال؟

___

___

تذكر يعقوب ٥:١٦

لِيَعْتَرِفْ كُلٌّ وَاحِدٍ مِنْكُمْ لأَخِيهِ بِزَلاَّتِهِ، وَصَلُّوا بَعْضُكُمْ لأَجْلِ بَعْضٍ، حَتَّى تُشْفَوْا. إِنَّ الصَّلاَةَ الْحَارَّةَ الَّتِي يَرْفَعُهَا الْبَارُّ لَهَا فَعَّالِيَّةٌ عَظِيمَةٌ.

ملاحظات:

دائرة النفوذ:

حسناً يا أصدقائي، دعني أتراجع وأتسخ معك. هذه الدورة، أكثر من أي جلسة أخرى، ربما تكون قد سببت لك مفاجأة. يمكن أن يكون العمل الواجب تحديًا، ولكن يمكن أن يكون العمل غير الواجب إدانة صريحَة. في صيف عام ١٩٧٧، كنت رقيبًا في البيريه الأخضر. كنت أعيش مع أصدقاء من مدمني المخدرات، أقضي الليل مع صديقتي، واتسكع في بارات الرقص العاري في شارع هايز في نورث كارولاينا. كنا نشتري رطل من الحشيش ونبيع نصفه وندخن نصفه. هذا صريح ولكن هذا هو المجلد الثاني وأنت لا تزال هنا. حان الوقت للحصول على الحقيقة.

عندما بدأت في قراءة الكلمة، خاصة الأمثال، عرفت أنني كنت خاطئا. عند هذه النقطة انتقلت من مقطورتي وعوت إلى ثكنات الجيش. ولأكون صريحًا، كنت أضع شريطًا لاصقًا حول الباب وأدخن الحشيش أثناء قراءتي للكتاب المقدس. أصدقائي يأتون والفتيات اللواتي لم يعطوني أي وقت من قبل يريدون الخروج معي. واحدة على وجه الخصوص ظلت تدعوني إلى منزلها لتناول العشاء. الحمد لله، عرفت أنه لا يجب أن أذهب. الإمدادات الجديدة من المال والمخدرات والجنس سيل لا ينقطع. كان الشيطان يستخدم كل الحيل ليبقيني على الطريق إلى الجحيم.

في اليوم الذي قبلت فيه المسيح رسمياً، كنت أقرأ أعمال ١٩: ١٩. وضعت مخدراتي وكتبت عن السحر والتنجيم في حقيبة. مشيت إلى صندوق القمامة في كنيسة جون كيندي وألقيتها كلها. كانت هناك فترة من الندم. لم يحدث ذلك بين عشية وضحاها. انفصل الناس عني وانفصلت عن بعض الناس. كان من الضروري أن أحيط نفسي بأشخاص ملتزمين بقضية المسيح. ليس فقط المتفرجين الذين نسوا الرسالة في طريقهم للخروج من الباب ولكن الناس الجادون في معرفة يسوع المسيح. كان من الضروري بالنسبة لي أن أتوقف عن العيش في المرحاض حتى يمكن أن تتغير رائحتي.

أدعو الله أن تقدم حياتك للمسيح. اذهب إلى حيث يريدك أن تذهب. افعل ما يريدك أن تفعله. كن الرجل الذي أو المرأة التي يريدك الله أن تكون. دعْ المسيح يكسر السلاسل، وإذا لزم الأمر، العلاقات الفجة التي تربطك أيضا. ليس هذا سهلا. ولكن كزوج من ثمانية وثلاثين عاما، أب، جد، وراعي لا يمكن أن أتنازل عما لدي الآن مقابل كل الذهب في فورت نوكس.

"الشخصية"

المقدمة:
يمكنك أن تكون رئيسًا مفلسًا أخلاقياً، أو لاعب جولف، أو ممثلًا وتحافظ على وظيفتك. للأسف، العالم أكثر اهتماما بالكفاءة والأرباح من الشخصية. إذا تمكنت من أداء جيد في الضوء فسيغض المجتمع الطرف عما تفعله في الظلام. ملكوت الله هو عكس ذلك. الله لا ينظر إلى الحكماء، الأقوياء، المتصلين، والصالحين. هو ينظر إلى القلب! يجب أن تسير الشخصية جنبًا إلى جنب مع الكفاءة. في هذه الجلسة سننظر في شخصية الزعيم المسيحي. يجب أن يكون شخصية المسيح هي الهدف لكل مؤمن. وهذا هو الضروري للقادة.

الآيات الرئيسية للحفظ والتأمل: رسالة بولس الثانية إلى أهل كورنثوس ٣: ١٨ ب

وَنَحْنُ جَمِيعاً فِيمَا نَنْظُرُ إِلَى مَجْدِ الرَّبِّ بِوُجُوهٍ كَالْمِرْآةِ لاَ حِجَابَ عَلَيْهَا، نَتَجَلَّى مِنْ مَجْدٍ إِلَى مَجْدٍ لِنُشَابِهَ الصُّورَةَ الْوَاحِدَةَ عَيْنَهَا، وَذَلِكَ بِفِعْلِ الرَّبِّ الرُّوحِ

درس:
عندما كنت شابا مسيحيا، كان لي شرف أن أكون زميلا في الخدمة المسيحية المحلية في جلينديل، كاليفورنيا مع القس بود هيجينبوثام. بود علمني شيئا لم أنساه أبدا. قال: "لا تلمس النساء، ولا المال. إذا كنت تبشر برسالة سيئة، فسوف تنسي في النهاية. إذا اتخذت قراراً سيئاً، فمن المحتمل أن يغفر لك. لكن إذا لمست النساء أو المال فلن ينسى أو يغفر لك أبدا. "لم يكن بود يقول أن المسيح لن يغفر أبدا. كان يشير إلى عواقب سوء السلوك في الخدمة. كانت تلك كلمات حكيمة لشاب يرغب في أن يكون قساً. أثناء التدريس في بيلاروس قبل بضع سنوات، شاركت كلمات بود الحكيمة. صاح الطلاب وحثوني على إضافة سوء الاستخدام أو إساءة استخدام السلطة إلى تلك القائمة من المزالق القيادية. إن الجنس والمال وإساءة استخدام السلطة تشكل بالتأكيد مظلة للكثير من الخطايا التي تنهي الخدمة.

في حياتي، رأيت رئيسًا تم عزله، وعزلت الجنرالات، واعتقل الرياضيون، واستقال أعضاء مجلس الشيوخ. إن السجون مليئة بالرياضيين والممثلين ورجال الأعمال والموظفين الحكوميين والقساوسة الذين لم يستمعوا إلى بود. لعبوا مع النساء، المال، الرجال الآخرين، أو الثلاثة. ثم تم القبض عليهم وهم يكذبون ويحاولون التستر عليها! لقد كلفهم عملهم وسمعتهم وعائلتهم وصحتهم ومعاشهم وأموالهم ومكانًا إيجابيًا في كتب التاريخ.

١. الله يحب شعبه. لقد وضع معايير عالية جدا لأولئك الذين يرغبون في خدمة أو قيادة أولاده. ما هي رغبة الله في شخصية قادته؟

١ تيموثاوس ٣:٢

إِذَنْ، يَجِبُ أَنْ يَكُونَ الرَّاعِي بِلاَ عَيْبٍ، زَوْجاً لامْرَأَةٍ وَاحِدَةٍ، نَبِيهاً عَاقِلاً مُهَذَّباً مِضْيَافاً، قَادِراً عَلَى التَّعْلِيمِ؛

تيطس ١:٧

وَذَلِكَ لأَنَّ النَّاظِرَ يَجِبُ أَنْ يَكُونَ بَرِيئاً مِنْ كُلّ تُهْمَةٍ بِاعْتِبَارِهِ وَكِيلاً للهِ، لاَ مُعْجَباً بِنَفْسِهِ وَلاَ حَادَّ الطَّبْعِ، وَلاَ مُدْمِنَ الْخَمْرِ، وَلاَ عَنِيفاً، وَلاَ سَاعِياً إِلَى الْمَكْسَبِ الْخَسِيسِ؛

فكر في الأشخاص الذين يرعون كنيستك أو في مجلس الإدارة أو يدرّسون فصل دراسي أو يرعون مجموعة حياة. كيف سيبدون لك عندما يكونوا "فوق اللوم؟" مهما كان هذا مخيفا، "ما الذي تتوقعه من قادتك؟"

---

٢. ما هي بعض الأشياء التي لا تريد أن تراها في حياة قائد الكنيسة؟

---

٣. سنقضي بعض الوقت في اثنين من ممرات العهد الجديد. بول يعطي تعليمات لتلاميذه حول اختيار القادة للكنيسة. خذ بعض الوقت، وتأمل، وفكر في الصفات الشخصية والسلوكيات التي يبحث عنها بولس في حياة القائد.

تأمل في كل من الصفات والأوامر الرئيسية. ثم استخدم المساحة المتوفرة لكتابة كلماتك الخاصة لماذا هذه الأشياء مهمة. إذا كان هناك شيئًا من التحديات، فضع ملاحظة خاصة عنه للمناقشة مع معلمك.

[ملاحظة: كتاب العهد الجديد غالبًا ما يستخدمون الألقاب بشكل متبادل. كان هناك غالبًا تداخل في الواجبات والمسؤوليات. كانت هناك أوقات كان الشيوخ يخدمون والشمامسة يعظون. للحصول على دليل عام ومبسطة، اربط بين الحكماء والأساقفة والقساوسة والمترددين بالوعظ والتدريس والغرس والقيادة. اربط الشمامسة مع خدمة الرقابة الإدارية والخدمات في الكنيسة.]

عندما تفكر في هذه المقاطع فكر في حقيقة أن القادة يمثلون الله للكنيسة وللعالم. شئنا أم أبينا، الحقيقة هي أن العالم يحكم على الرب، والكنيسة، بما يرون ويسمعون ما يفعل المسيحيون وما يقولون! القادة عادة ما يجلبون المجد للمسيح. هناك العديد من الخدام المؤمنين في الجسد. للأسف، في بعض الأحيان أعمالنا السيئة تجلب العار والخجل على المخلص.

عندما تضع في اعتبارك صورة القائد التي ترسمها الآيات التالية اسأل: "ماذا يحدث إذا قام أحد القادة بذلك؟ أو ماذا يحدث إذا لم يفعل القائد هذا؟ "بينما تقضي وقتًا مع الآيات، حاول توصيلها لحياتك الخاصة. هل ترسم هذه الآيات صورة لمن أنت، أو الشخص الذي ترغب في أن تصبحه؟ اطلب من الله ان يشكلك ويستخدمك لمجده! أين أنت ذاهب هو أكثر أهمية من أين كنت.

ملاحظة إلى النساء: كتب بولس هذه الآيات إلى الرجال في ثقافة أبوية. لم أحاول إعادة كتابة الجنس خوفا من تغيير نيته. ومع ذلك، يرجى تطبيق الحقائق التي أعطاها لأنفسكم وحياتكم وخدمتكم. الدعوة إلى الطابع المسيحي لا يحترم الجنس. الفشل الأخلاقي لامرأة في القيادة هو أيضا قاتل.

تحذير:

أصبح أحد شيوخي محبطا للغاية في هذا القسم. قال لي كل شيء كان متشابها. قال أنها كانت زائدة عن الحاجة. اعرف! أنا عملتها هذا بهذه الطريقة بقصد إبطائك وإجبارك على التفكير. نحن نميل إلى الاندفاع عبر قوائم الإنجيل. الخ الخ الخ. وضع الله كل شيء هنا لسبب ما. أريدك أن تقارن حياتك مع كل نقطة. حتى لو بدأت تؤلم.

أ. ١ تيموثاوس ٣:١-١٣

هذا قول جدير بالثقة:

مَا أَصْدَقَ الْقَوْلَ إِنَّ مَنْ يَرْغَبُ فِي الرِّعَايَةِ فَإِنَّمَا يَتُوقُ إِلَى عَمَلٍ صَالِحٍ
إِذَنْ، يَجِبُ أَنْ يَكُونَ الرَّاعِي بِلاَ عَيْبٍ،

زَوْجاً لاِمْرَأَةٍ وَاحِدَةٍ

قادرا على ضبط النفس

يعيش بحكمة

سمعته جيدة

يسعد بضيوف منزله

قادرا علي التعليم

لا يشرب الخمر بكثرة

لا يكون عدوانيا

يجب أن يكون وديعا

لا يثير المشاكل

لا يحب المال

يجب أن يراعي أسرته بجدية

عنده أطفال يحترمونه ويطيعونه

لأنه إذا لم يستطع الرجل إدارة أسرته،
كيف يمكن أن يعتني بكنيسة الله؟

يجب ألا يكون القائد مؤمناً جديداً، لأنه قد يصبح فخوراً،
والشيطان يجعله يسقط.

أيضا، يجب أن يتحدث الناس خارج الكنيسة بشكل جيد عنه حتى
لا تسوء سمعته ويسقط في فخ الشيطان.

بنفس الطريقة يجب إحترام الشمامسة

لديهم نزاهه

لا يشربون الخمر بكثرة

أمناء في التعاملات المالية

يجب أن يلتزموا بسر الإيمان الذي تم الكشف عنه الآن

ويجب أن يعيش مع ضمير حي.

قبل تعيينهم كشمامسة، يجب أن يتم فحصهم عن كثب.
إذا اجتازوا الاختبار، دعهم يخدمون كشمامسة.

بالطريقة نفسها، يجب احترام زوجاتهم

ويجب ألا يشوهوا سمعة الآخرين.

يجب أن يكونوا قادرين علي ضبط النفس

يجب أن يكونوا أمناء في كل شيئ يفعلوه

يجب أن يكون الشماس مخلصًا لزوجته

ويجب عليه أن يدير أولاده وأسرته بشكل جيد.

سوف يتم مكافأة أولئك الشمامسة الذين يقومون بعمل جيد باحترام من الآخرين وستزداد الثقة في إيمانهم بالمسيح يسوع.

ب. تيطس ١:٥-٩
تَرَكْتُكَ فِي جَزِيرَةِ كِرِيتَ لِكَيْ تُكَمِّلَ تَرْتِيبَ الأُمُورِ الْبَاقِيَةِ، وَتُقِيمَ شُيُوخاً فِي كُلِّ مَدِينَةٍ، مِثْلَمَا أَمَرْتُكَ؛

يجب أن يعيش القائد حياة بلا لوم.

يجب أن يكون مخلصا لزوجته,

ويجب أن يكون أولاده من المؤمنين الذين ليس لهم سمعة سيئة أو متمردين.

لأن القائد يجب أن يعيش حياة بلا لوم

يجب ألا يكون متعجرفًا

أو سريع الغضب

لا يشرب الخمر بكثرة

لا يكن عدوانيا

أو غير أمين في المال

بدلاً من ذلك، يجب عليه الاستمتاع بوجود ضيوف في منزله

ويجب أن يحب ما هو جيد.

يجب أن يعيش بحكمة

ويكون عادلا

يجب أن يعيش حياة المتدين المنضبط.

يجب أن يكون لديه إيمان قوي بالرسالة الجديرة بالثقة التي تعلمها

عندها سيتمكن من تشجيع الآخرين بالتدريس النافع

وإظهار خطأ أولئك الذين يعارضون الرسالة.

تأمل:
هل تخيفك هذه القائمة؟ هي تخيفني!
هل تقرأ وتخلص إلى أن الله لا يمكن أبدا أن يستخدمك؟ يمكنني!

كن شجاعا!
بولس يعطينا المعيار!
يرسم الصورة المثالية للقيادة المسيحية.
لقد أعطانا الهدف الذي يجب أن نطمح إليه!

كن شجاعا جدا!
لأن آدم أكل الفاكهة، نوح قد ثمل، راحاب كانت عاهرة، نام يهوذا مع ابنة زوجته بينما كانت تتظاهر بأنها عاهرة، إبراهيم كذب، ساره شكت، يعقوب خدع، موسى قتل، داود ارتكب الزنا وقتل صديقه لإخفاء الخطيئة، إيليا نبي الله كان خائفا وهرب من أجل حياته، جدعون جرب الله، شمشون قطع شعره، ومريم المجدلية كانت محطمة، وشكك توماس، يعقوب ويوحنا تنافسا على المناصب، وبطرس أنكر، وبولس اضطهد الكنيسة.
يبدو أن جميع أفضل خدام الله يعانون
مع هشاشة إنسانيتهم!
يسكن مجد الله بشكل غامض في أوعية من الطين!

كن في تمام الشجاعة!
إذا كنا سنضع حياتنا الملتوية والمكسورة عند أقدام يسوع،
لا نخفي شيئًا، سيصعدنا ويغسلنا،
يملأنا بروحه، ويستخدمنا لمجده!
ليس بسبب من نحن، ولكن بسبب من نحن له!

أنا مقتنع أن الدعوة للقيادة المسيحية
هي رحلة للقلب والعقل والإرادة!
إنها تجريد من طبقات الخطيئة والانكسار والتمرد
للكشف عن الشخص الذي خلقك الله عز وجل لتكون!

السؤال هو:
هل أنت مستعد ليقوم المسيح بهذا العمل فيك
لتسمح له باستخدامك لمجده؟
هل أنت على استعداد لتكون الطين في يد السيد الخالق؟

حتى لو كانت تؤلم؟

٤. أرجو بينما تتأمل في دعوة بولس للقادة أن تسمع رنين أهمية الأسرة. الحب هو قلب القيادة. العاطفة والتعاطف مع شعب الله هي سمة شخصية مميزة. كان الله مستعدًا لدعوة "الملك داود" "رجلا قريبا لقلبه" على الرغم من خطيته. لماذا ؟! لأن داود قد واجه الله، وقبل التصحيح، وبكي، وتاب، سقط على ركبتيه، وكتب مزمور ٥١.

في المهمة النهائية لهذا الأسبوع، ستقرأ حزقيال ٣٤: ١-٢٤. لن نقوم بتفصيله سطرا بسطر. أريدك أن تقرأه وتسمح له بأن يغسلك مثل موجة قوية. أصلي وأنت تقرأ الروح القدس يضع دعوة لا يمكن وقفها لحياتك. نحن نعيش في عالم ينكسر بعمق على كل المستويات. الله يبحث عن رجال ونساء بالشخصية التي كشفها لبولس ونبض القلب المتحمّس الذي كشفه لحزقيال.

اكتب الأفكار والصلاة التي يضعها الله في قلبك وأنت تقرأ المقطع. ثم شاركها مع معلمك. تجرأ على الحلم بالأشياء التي يريدك الله أن تفعلها!

استنتاج:
عندما كنت مسيحيًا جديدًا، صادفت هذه القصيدة. لقد أثارت قلبي وشجعت روحي لما يقرب من أربعين عاما. كتب الكاتب في صيغة الذكورة، لكنني أصلي النساء والرجال سوف يمسكون بالحقيقة ويجرون معها بقدر ما سيأخذهم الله! أدعو أن تتحدى كل واحد منكم في رحلته! الله يعمل ليشكلك على صورة ابنه. إنها عملية لن تتوقف أبداً حتى نرى مجده في الأبدية.

بعد أربعين سنة كمؤمن وثلاثون في الخدمة نصيحتي لك هو أن تصبر ولا تتركها أبدا. دع الله يقوم بعمله فيك. دعه يفعل كل ما يريد، ليأخذك إلى المكان الذي يريدك فيه. اهدم الجدران. أنت لا تعرف خطط الله لك. ولكن كلما أطعته، كلما يمكنه أن يعمل من خلالك! أنا متأكد من هذا.

عندما يريد الله أن يؤدب رجلا

عندما يريد الله أن يؤدب رجلاً،
وإبهار رجلا،
وتدريب رجلا.

عندما يريد الله أن يعد رجلاً
للعب الجزء الأشرف.

عندما يتشوق بكل قلبه
لخلق رجل عظيم وجريء
ليدهش العالم كله
شاهد أعماله، شاهد طرقه!

كيف يتقن بلا رحمة
الذي ينتخبه ملكا!
كيف يضغط عليه ويؤلمه
ومع ضربات قوية يحوله
في أشكال تجريبية من الطين الذي
يفهمه الله فقط
بينما قلبه المعذب يبكي
وهو يرفع يده!

كيف ينحني لكنه لا ينكسر أبدًا
عندما خيره يتعهد
كيف يستخدم من يختار
ومع كل غرض يصهره
بكل فعل يدفعه
لمحاولة الروعة
يعلم الله ما يدور حوله.
ـ المؤلف غير معروف

البداية السريعة – درس ١٤

"الشخصية"

> تسجيل الدخول:
> خذ الوقت للتخلص من اندفاع العالم. خذ نفس عميق. الاسترخاء. امنح وقتك واهتمامك لله، ولبعضكم البعض! أظهرت هذه الجلسة المستوى العالي الذي منحه الله لأولئك الذين يقبلون الدعوة لقيادة وخدمة شعبه. لا تسمح لهذه القائمة أن تهدم عزيمتك. إن نعمة الله يمكن أن تبقيك في المكان الذي يضعك فيه روح الله.
>
> تذكر، النمو الروحي وتنمية القائد هي عملية طويلة. داود كان ملكا مقيما في ١ صموئيل ١٦. لم يأخذ العرش حتى ٢ صموئيل ٢. كانت هناك العديد من المحاولات والمحن في رحلته. يتقابل شاول مع يسوع في سفر أعمال الرسل ٩. ترسله الكنيسة إلى طرسوس لإنقاذه من أولئك الذين يريدون موته. في سفر أعمال الرسل ١١:٢٥ يذهب برنابا إلى طرسوس بحثا عن بولس. فصلين فقط في كتابك المقدس. ومع ذلك، يخبرنا تاريخ الكنيسة بعشر سنوات مرت بين أعمال ٩ و ١١. ماذا كان بولس يفعل؟ ماذا كان الله يفعل في حياته؟ ماذا يريد الله أن يفعل في حياتك؟ كم من الوقت عمل الله فيك؟ احلم مع معلمك عن الأشياء التي يريدها الله لك.

ملحوظة:
هذه جلسة مهمة بالنسبة لك لمشاركتها مع مرشدك. سأعترف لك أن خطة الدكتوراه الخاصة بي كان يركز على خلية كنسية وقد كنت أصلي من أجلك ومن أجل كنيستك. صلاتي هي أن الله يستخدم البداية السريعة لرفع القادة المستعدين لبدء الفوز بالأرواح وبالتلمذة مما يجعل مجموعات الحياة تتبع المسيح. أدعو الله أن يرفع جيل جديد من القساوسة الذين يُدعون لخدمة الكنائس المفقودة أو ولادتها. أصلي أن كنيستك تنمي محصول من موجهين البداية السريعة قادرين على تلمذة جميع المؤمنين الجدد الذين يجلبهم الله لك. هذا يعني أن الشخصية جزء مهم للغاية من الرحلة! لا يمكننا أن نقود الآخرين إلى أماكن لا نرغب نحن الذهاب إليها. من نحن في المسيح دائمًا يحدّد قدرتنا على الخدمة! الكفاءة بالإضافة إلى الشخصية تؤدي لفترة طويلة ومثمرة.

بدء المحادثات:
١. اقض بعض الوقت في الممرات تيموثاوس وتيطس مع معلمك. ما هي الأفكار التي اكتسبتها؟
_____
_____

٢. ماذا قال ممر حزقيال لقلبك؟ هل تشعر أن التقليب يساعدك علي النمو كزعيم مسيحي؟ هل أنت منفتح على إمكانية أن تصبح راعياً وتفتح منزلك لمجموعة حياة حيث يمكن لدائرة نفوذك أن تأتي لمقابلة يسوع؟

_____
_____
_____

٣. الخطيئة تخلق ثغرات في درع الزعيم المسيحي. الخطيئة تجعلنا عرضة للهجوم. الشخصية تحمينا وتبقينا في مكان الكفاءة والهبات التي أعطاها لنا الله. هل هناك ثغرات في درعك تجعلك عرضة للشرير والتي قد تعيق خدمتك للملك؟ شارك واذكر هذه الأشياء في صلاتك مع الموجه الخاص بك.

_____
_____
_____

تذكر:
الأمر لا يتعلق بمكان وجودنا
أو أين كنا.
كل شيء عن المكان الذي نريد الذهاب إليه
والثمن الذي نحن مستعدون لدفعه للوصول إلى هناك!
هناك حقيقة عظيمة في القول المأثور،
"اتركها علي الله!"

ملاحظات:
_____
_____
_____
_____
_____
_____
_____

دائرة النفوذ:
منذ سنوات أرجعت فيلمًا إلى محل الفيديو. الناس تحت سن الأربعين قد لا يعرفون ماذا كان. كان متجرًا لتأجير الفيديو وكنت أعيد الفيديو الذي استأجرته. عندما سلمت الفيلم إلى الشابة التي تقف خلف المنضدة، نظرت إلي وقالت: "بول يا راعي الكنيسة كيف حالك؟" ثم فتحت العلبة الشريطية وقرأت العنوان، وفحصتها. لقد سلمت الفيلم الذي شاهدته لأحد أعضاء الكنيسة التي أخدمها. ماذا استأجرت؟ كان ابني راعيا للشباب في جنوب كاليفورنيا. كنا نسير عبر مجموعة كامب في شمال كاليفورنيا على بعد ١٠٠٠ ميل من المنزل. وبينما كنا نسير خلف حمام السباحة صرخت فتاة مراهقة وقالت، "يا راعي كريس، ماذا تفعل هنا؟" الناس يراقبون دائما. البعض يشاهد ويصلي من أجل نجاحك. آخرون يشاهدون ويصلون من أجل أن تفشلوا حتى يكون هناك مبرر لنواقصهم نقض شهادتك. كنت تعيش، تصلي، تخدم، تشارك، وربما تقوم بتأليف دائرة النفوذ الخاصة بك. لقد كانوا يراقبونك. سيستمرون في مشاهدتك. ما تقوله لن يتغلب على ما يرونه. أبدا!

للفنانين بيننا ...
حاول رسم صورة للقائد الذي ستكونه!

البداية السريعة – درس ١٥

"الجسد"

المقدمة:
كانت تجربتي القيادية الهامة الأولى على فريق القوات الخاصة في الجيش الأمريكي. من المهم أن نسميها "فريق". كل شخص لديه مهارات. كل شخص لديه تخصص. الفريق نجح عندما استخدم الجميع مهاراتهم من أجل الصالح العام. ومع ذلك، هناك عامل آخر له تأثير أكثر من مهاراتنا. كنا أكثر من مجرد عملنا. كانت هناك هوية فردية وشخصية. كان هناك انتماء. حقيقة أنني ارتديت البيريه الخضراء جعلتني جزءًا من العائلة. كان بإمكاني أن أذهب إلى أي وحدة، أو أي فريق، في أي مكان في العالم، وكان من الممكن أن أقابل بالترحاب بسبب البيريه الأخضر على رأسي. عندما كنت هناك، كانت هداياي قد جعلت لي مكانًا. لكن القبعة على رأسي هي التي فتحت باب الانتماء. وحتى اليوم، بعد أربعين سنة، إذا سمعت أن جنديًا من القوات الخاصة قام بعمل رائع ينشرح صدري، وإذا سمعت بقتله، أحني رأسي بألم في صدري، وأصلّي. نحن ما زلنا أسرة.

وينطبق الشيء نفسه في جسد المسيح. الأمر لا يتعلق بما يمكننا القيام به. إنه يتعلق بالانتماء إلى عائلة الله. نحن ننتمي إلى يسوع المسيح. دمه ينطبق على قلوبنا يعمل مثل البيريه الأخضر على رأسي. نحن ننتمي إلى يسوع وبطريقة خاصة جداً ننتمي بعضنا إلى بعض. ستدرس هذه الجلسة ما يعنيه أن تكون عضوًا في جسد المسيح العالمي الحي.

آيات رئيسية للحفظ والتأمل: رومية ١٢: ٤-٥
فَكَمَا أَنَّ لَنَا فِي جَسَدٍ وَاحِدٍ أَعْضَاءً كَثِيرَةً، وَلكِنْ لَيْسَ لِجَمِيعِ هذِهِ الأَعْضَاءِ عَمَلٌ وَاحِدٌ، فَكَذلِكَ نَحْنُ الْكَثِيرِينَ جَسَدٌ وَاحِدٌ فِي الْمَسِيحِ، وَكُلُّنَا أَعْضَاءٌ بَعْضُنَا لِبَعْضٍ.

درس:
الفردانية هي سمة أمريكية كلاسيكية. يحتاج الأفراد إلى الاحترام. انهم يستحقون الوقوف بعيدا عن القطيع. ومع ذلك، فبينما يمتلك الأميركيون القدرة على التحليق مثل النسور، وهو أمر رائع، فإنهم غالباً ما يفتقرون إلى المهارات والتواضع اللازم للعمل بشكل جيد في المجتمع. وينطبق الشيء نفسه في الكنيسة. يجب احترام الهدايا والشخصيات الفردية والاحتفال بها. ومع ذلك، هناك إحساس الشركة والإنتماء "بعضنا لبعض." سلوكي يؤثر على الصالح العام للكنيسة.

أنا مسؤول أمام إخواني وأخواتي. هم مرتبطون بي ولديهم الحق والمسؤولية للتحدث في حياتي.

هذا الأسبوع سوف ندرس بعض الحقائق الحرجة في العهد الجديد ستساعدنا على فهم أفضل للحياة في جسد المسيح. استمتع بالرحلة!

١. غالبًا ما تشتمل المكالمات البديلة على فرصة قبول يسوع. ملايين الناس حول العالم "سألوا يسوع في قلوبهم". عندما نقول نعم ليسوع، نحن لا ننضم فقط إلى يسوع الشخص. ادرس الآيات التالية. مع من أو ماذا تفعل فينا؟

أ. ١ كورنثوس ٦: ١٩-٢٠ --
ب. أفسس ٤: ٣٢ ____
ت. رومية ٣: ٢٩ ____
ث. أفسس ٥: ٢٩-٣٠ --
ج. ١ كورنثوس ١٢: ١٣ب --

2. واحد من أكبر الألغاز المسيحية هو أن "نحن" جسد المسيح. يعيش المسيح في كل منا على حدة، لكنه يعيش في داخلنا أيضًا. لدينا مسؤولية فردية تجاه المسيح ولبعضنا البعض. كيف تصف الآيات التالية من أنت والجسم الذي أنت جزء منه؟ ما هي الخبرة التي يمكن أن تكتسبها بسبب حياتك في هذا الجسد؟

أ. رومية ١٢: ٤-٥ ____
ب. رسالة بولس إلى أهل أفسس ١: ٢-٣ ______________________________
ت. كولوسي ١: ٢٤ ____
ث. ١ كورنثوس ١٠: ١٧ --
ج. ١ كورنثوس ٣: ١٦ --

٣. في 1 كورنثوس ١٢: ١٢-٢٧ يستخدم الرسول بولس جسم الإنسان لتعليمنا عن مكاننا في جسد المسيح. إقرأ المقطع بأكمله ثم تأمل في النقاط الفردية.

١٢-١٤ استخدم بولس اليهود والأمم والعبيد والأحرار لتوضيح تنوع القرن الأول في جسد المسيح. كيف يمكنك تطبيق هذا المبدأ اليوم؟

١٥-٢١ أعد كتابة هذه الآيات بكلماتك الخاصة.

٢٢-٢٤ أي حكم خاص وضعه الله لأعضاء الجسم الغريبة؟

هل هذا يحبطك أو يشجعك؟ لماذا؟

٢٥-26 كيف ينبغي أن نعامل بعضنا البعض في جسد المسيح؟

---

٢٧ كيف يجعلك هذا تشعر حيال مكانك في الجسد؟

---

٤. يصف الرسول بطرس جسد المسيح بطريقة ثقافية ملائمة. كانت القدس مدينة ذات جدران حجرية محيطة بمعبد مصنوع من الحجر المقطوع. يستخدم هذا القياس في الحجر، الذي يربط بين الفهم اليهودي لمعبد الله. إقرأ وتأمل في كلماته الرائعة.

١ بطرس ٢: ٤-١٠

فَأَنْتُمْ قَدْ أَتَيْتُمْ إِلَيْهِ، بِاعْتِبَارِهِ الْحَجَرَ الْحَيَّ الَّذِي رَفَضَهُ النَّاسُ، وَاخْتَارَهُ اللهُ، وَهُوَ ثَمِينٌ فِي نَظَرِهِ إِذَنِ اتَّحِدُوا بِهِ كَحِجَارَةٍ حَيَّةٍ، مَبْنِيِّينَ بَيْتاً رُوحِيّاً، تَكُونُونَ فِيهِ كَهَنَةً مُقَدَّسِينَ تُقَدِّمُونَ لِلهِ ذَبَائِحَ رُوحِيَّةً مَقْبُولَةً لَدَيْهِ بِفَضْلِ يَسُوعَ الْمَسِيحِ

وَكَمَا يَقُولُ الْكِتَابُ: هَا أَنَا أَضَعُ فِي صِهْيَوْنَ حَجَرَ زَاوِيَةٍ، مُخْتَاراً وَثَمِيناً. وَالَّذِي يُؤْمِنُ بِهِ، لاَ يَخِيبُ

ماذا دعاك بطرس؟

تَكُونُونَ فِيهِ كَهَنَةً مُقَدَّسِينَ تُقَدِّمُونَ للهِ ذَبَائِحَ رُوحِيَّةً مَقْبُولَةً لَدَيْهِ بِفَضْلِ يَسُوعَ الْمَسِيحِ

ما هو اللقب والخدمة التي يقدمها لنا بطرس؟

أي نوع من التضحيات الروحية يمكنك تقديمها؟

وَكَمَا يَقُولُ الْكِتَابُ: هَا أَنَا أَضَعُ فِي صِهْيَوْنَ حَجَرَ زَاوِيَةٍ، مُخْتَاراً وَثَمِيناً. وَالَّذِي يُؤْمِنُ بِهِ، لاَ يَخِيبُ

نعم، أنت الذي تثق به تدرك
الشرف الذي منحك الله.

ما هو وعدنا إذا كنا نثق بالمسيح؟

أَمَّا بِالنِّسْبَةِ إِلَى الَّذِينَ لاَ يُؤْمِنُونَ، فَالْحَجَرُ الَّذِي رَفَضَهُ الْبَنَّاؤُونَ صَارَ هُوَ الْحَجَرَ الأَسَاسِيَّ رَأْسَ زَاوِيَةِ الْبَيْتِ

كَمَا أَنَّهُ هُوَ «الْحَجَرُ الَّذِي يَصْطَدِمُونَ بِهِ، وَالصَّخْرَةُ الَّتِي يَسْقُطُونَ عَلَيْهَا»! وَهُمْ يَسْقُطُونَ لأَنَّهُمْ يَرْفُضُونَ أَنْ يُؤْمِنُوا بِالْكَلِمَةِ
فَإِنَّ سُقُوطَهُمْ أَمْرٌ حَتْمِيٌّ!

ما الذي ينتظر أولئك الذين يرفضون المسيح وكلمة الله؟

وَأَمَّا أَنْتُمْ، فَإِنَّكُمْ تُشَكِّلُونَ جماعةَ كَهَنَةٍ مُلُوكِيَّةً، وَسُلاَلَةً اخْتَارَهَا الله، وَأُمَّةً كَرَّسَهَا لِنَفْسِهِ، وَشَعْباً امْتَلَكَهُ.

كيف تشعر حيال كونك شعب الله المختار؟

!وَذَلِكَ لِكَيْ تُخْبِرُوا بِفَضَائِلِ الرَّبِّ، الَّذِي دَعَاكُمْ مِنَ الظَّلاَمِ إِلَى نُورِهِ الْعَجِيبِ

فَإِنَّكُمْ فِي الْمَاضِي لَمْ تَكُونُوا شَعْباً؛ أَمَّا الآنَ، فَأَنْتُمْ «شَعْبُ اللهِ وَقَدْ كُنْتُمْ سَابِقاً لاَ تَتَمَتَّعُونَ بِرَحْمَةِ «!اللهِ، أَمَّا الآنَ، فَإِنَّكُمْ تَتَمَتَّعُونَ بِهَا

ما هي خدمتك الآن بعد أن تلقيت رحمة الله؟

كيف تقدم هذه الخدمة لدائرة نفوذك؟

٥. لم يكن بطرس وحده يستخدم مثل المعبد. بولس، العبرانيين، ويسوع رددوا أفكاره. ماذا تعدنا الآيات التالية؟

أ. أفسس ٢:٢٠-٢٢

ب. عبرانيين ٣:٦

ت. رؤيا ٣:١٢

٦. التوتر، والخطيئة، والصراع يحدث في العائلات البشرية. كما أنها تحدث داخل جسد المسيح. من المأساوي دومًا رؤية العائلات البشرية والروحية تتفتت. للأسف، علمتنا الجلسة الأولى أن الخطية تسبب الفراق. ينطبق هذا المبدأ على الزواج والأسر والكنائس والمدن والولايات والدول. أعطانا يسوع تعليمات واضحة ومباشرة للتعامل مع الخطيئة والألم في الجسد. المفتاح لهذا النمط هو قلب مفتوح متواضع. عندما يكون روح الله هو المدير، يمكن أن تحدث أشياء عظيمة. الكبرياء والجسد يجعل الأمور صعبة للغاية. يجب أن تغتسل هذه الرحلة بالصلاة والصبر. دعونا ندرس نمطه في متى ١٨: ١٥-١٧

الخطوة الأولي:

إِنْ أَخْطَأَ إِلَيْكَ أَخُوكَ، فَاذْهَبْ إِلَيْهِ وَعَاتِبْهُ بَيْنَكَ وَبَيْنَهُ عَلَى انْفِرَادٍ. فَإِذَا سَمِعَ لَكَ، تَكُونُ قَدْ رَبِحْتَ أَخَاكَ.

كيف تتصرف في المواجهة؟ كيف يمكنك أن تتحسن؟ هل تميل إلى الصراع، أو تتجاهل الصراع، أو تهرب من الصراع؟ هل أنت أسد أو نعامة أو جرو؟ ما الذي يجب أن تكون عليه روحك وموقفك وأسلوبك عندما تقترب من أخ أو أخت لتبدأ محادثة صعبة؟

____

____

____

الخطوة الثانية:

وَإِذَا لَمْ يَسْمَعْ، فَخُذْ مَعَكَ أَخاً آخَرَ أَوِ اثْنَيْنِ، حَتَّى يَثْبُتَ كُلُّ أَمْرٍ بِشَهَادَةِ شَاهِدَيْنِ أَوْ ثَلاَثَةٍ

كيف يمكنك القيام بذلك بطريقة إيجابية، حتى لا يشعر أحد بالظلم؟
كيف تحافظ على مظهرك ولا تبدو كأنك جزء من الغوغاء؟

____

____

____

الخطوة الثالثة:

فَإِذَا لَمْ يَسْمَعْ لَهُمَا، فَاعْرِضِ الأَمْرَ عَلَى الْكَنِيسَةِ. فَإِذَا لَمْ يَسْمَعْ لِلْكَنِيسَةِ أَيْضاً، فَلْيَكُنْ عِنْدَكَ كَالْوَثَنِيِّ وَجَابِي الضَّرَائِبِ

قد يكون من السهل استخدام هذا المقطع من أجل "إستبعاد الناس". ومع ذلك، ما هي دعوتنا المسيحية إلى الوثنيين وجامعي الضرائب؟

____

____

____

____

الفكر الهام:

واحدة من أعظم وسائل الاتصالات هو التثليث. يمكن أن يحدث في أي مكان. هذا يعني أنني أتحدث مع الآخرين عنك بدلاً من التحدث إليك! أقوم ببناء فريقي من الأشخاص الذين لديهم نفس أفكاري من خلال إخبارهم بقصتي. ثم نهاجمك جميعًا. ثم تذهب إلى جميع أصدقائك مع حكاية المعاناة. ثم يمكن أن يكون جميع أصدقائك في صراع مع جميع أصدقائي. التموجات الضارة ليس لها نهاية. المسيح أخذ كل هذا بعيدا عنا. كان واضحا جدا. إذا كان لديك مشكلة مع شخص ما، اذهب وتحدث معه. لا تذهب وتتحدث إلى كل شخص تعرفه عنهم! يجب أن يكون هدفنا الشفاء والتسامح، وليس الفوز أو الجرح. هذا أمر سهل بالنسبة للبعض، وصعب للغاية بالنسبة للآخرين. إنه ضروري للجميع وللسلام في جسد المسيح. نحن جسد واحد ووحدتنا غالية على يسوع.

زكريا ٨:١٦-١٧

وَهذَا مَا عَلَيْكُمْ أَنْ تَفْعَلُوهُ: لاَ تَكْذِبُوا بَعْضُكُمْ عَلَى بَعْضٍ، وَاحْكُمُوا فِي سَاحَاتِ قَضَائِكُمْ بِالْعَدْلِ وَأَحْكَامِ السَّلاَمِ

لاَ يُضْمِرْ أَحَدُكُمْ شَرّاً فِي قَلْبِهِ لِقَرِيبِهِ، وَلاَ تَحْلِفُوا يَمِينَ زُورٍ، فَإِنَّ هَذِهِ جَمِيعَهَا مَقَتُّهَا، يَقُولُ الرَّبُّ

استنتاج:

يسوع المسيح هو الرأس وأنت جزء مهم ثمين من جسده. قد تكون غنيًا أو فقيرًا، طويل القامة أو قصيرًا، أسود أو أبيض، يهودي أو غير يهودي، ذكر أو أنثي. لا يهم. إذا فتحت قلبك ليسوع، فأنت جزء من العائلة. أنت حجر حي. أنت دعامة قيد التحضير. قد تكون اليد أو القدم أو العين أو الأذن. لا يهم أي جزء من الجسد أنت. إذا كنت تنتمي إلى يسوع، فأنت جزء من العائلة. هذه هي الحقيقة الهائلة والقوية! لا تنسى ذلك! لا تسمح لأحد أن يستبعدك من عائلة كنيستك.

تذكر، الأسرة ليست دائما سهلة. تمر العائلات بمواسم من البركة ومواسم التجارب. العائلات تعاني من الولادة والموت. العائلات يجادلون ويشفون. للأسف، يمكن للأسر البشرية أن تنشق وتتألم بسبب الخطيئة والجريمة. هذا لا ينبغي أن يكون كذلك بالنسبة للكنيسة. لقد أعطانا الله أدوات للمواجهة، والتوبة، والغفران، والشفاء. الله لا يريد جسد مقسم. نحن بحاجة إلى بعضنا البعض. نحن أقوى ونعمل بشكل أفضل عندما نكون متحدين. لم يقهر أي جيش عدوا في أي وقت بينما كانوا مشغولين في القتال وإصابة بعضهم البعض.

اسمحوا لي أن أقدم لكم تحديًا شخصيًا وصلاة عند الانتهاء من هذه الجلسة. في الحقيقة، أنا أصلي الآن أن الروح القدس يقوم بزيارة خاصة لكم وأنتم تقرؤون هذه الكلمات!

مسار للسلام في الجسم:
اقبل يسوع المسيح كربك ومخلصك.
اتلو صلاتك. ادرس كلمته.
ابحث عن كنيسة يلتزم فيها المسيحيون بالنمو،
والخدمة والمحبة ومتابعة المسيح.
انضم إلى هذا التعبير المحلي عن كنيسة الله العالمية.
إلتزم. كن مخلصا. احضر الاحتفال.
انضم إلى مجموعة حياة. ابحث عن معلم. أنمو. كن ملتزمًا
اتبع القادة بقدر ما يتبعون المسيح.
كن عضوًا قويًا في العائلة.
اكتشف الهدايا الروحية الخاصة بك، واستخدامها.

إذا كانت هناك مشكلة، أخبر شخصا ما.
إذا أضرك شخص ما، أخبره.
إذا كنت غاضبا من القس، اذهب وتحدث معه.

إذا كنت تخطئ ضد شخص آخر تب وقل أنك آسف.
لا تنس أبداً أن المسيح هو الرأس وأنتم جزءًا من عائلته.
استمر في المشاركة، والخدمة، والنمو.

أنت جزء ثمين ومميز ورائع من عائلة الله.
ومع أن العائلة ليست سهلة دائمًا،
هي دائما تستحق كل هذا العناء!

البداية السريعة – درس ١٥

"الجسد"

تسجيل الدخول:
الله وحده يعلم ما هي الجروح أو القضايا التي قد تكون هذه الجلسة قد سببتها. معظم الناس لديهم خبرات كنسية رائعة. للأسف، كان لبعضهم تجارب مؤلمة. في بعض الأحيان كان خطأهم وأحيانا كان خطأ الآخر. كثيرون منكم جدد في الكنيسة ومتشوقون لمعرفة لما لدى الله من أجلك. ليس عليك أي مسؤولية. الحمد لله. أصلي هذه المرة ليساعدك هذا اليوم على الإشتراك في الكنيسة بطريقة أعمق. إذا كان هناك ألم قديم، أو جروح، أدعو الله أن يشفي قلبك. تجارب الماضي سوف تبطئ تقدمك إلى الأمام مع يسوع وكنيسته. إذا كنت جديدًا على جسد المسيح، فنحن نرحب بك في العائلة! يمكنك أيضًا تطبيق تعاليم هذا الأسبوع لعائلتك الأرضية. كن صادقاً ومنفتحاً مع بعضكم البعض. استمتع.

١. ما هي المنظمات العظيمة التي شاركت فيها، بخلاف الكنيسة؟ ما الذي جعلهم رائعون؟

_____

_____

٢. صف "عائلتك الأصلية". كيف كانت العلاقات داخل عائلتك الممتدة؟ كيف عاش الناس مع بعضهم؟ كيف تعاملوا مع المشاكل؟

_____

_____

_____

_____

٣. ما هو دورك في نظام الأسرة؟ هل يمكن "الإعتماد عليك" أم أنت "حاملا للهموم"؟ هل أنت عادة مصدرا للتوتر، أو المعالج الذي يشفي الجروح؟

_____

_____

_____

_____

٤. تحدى هذا الدرس فكرة الفردية فيما يتعلق بعائلة الله. كيف ترد على هذه الفكرة التوراتية "الانتماء للآخرين"؟ راجع الدرس. هل كانت هناك أفكار أو آيات مقدسة تحدثت إليك بطريقة خاصة؟

٥. هل عشت حياة صحية أو مشاكل في الكنيسة سببت لك الألم؟

٦. إذا كنت قد تعرضت لأذى في الكنيسة، فهل نسيته؟ أو ما زال يعوقك؟ هذا سيكون وقتا رائعا للمشاركة مع معلمك، وإعطاء الماضي إلى الله. هل هناك شخص ما عليك أن تغفر له، أو تواجهه؟ فكر مع معلمك الخاص. تذكر: من الصعب أن تجري السباق إذا كنت تسحب وزنًا قبيحًا كبيرًا قديمًا.

٧. هل هناك أي مجال آخر تحتاج للعمل فيه مما يسمح لك بأن تصبح عضوًا أكثر فاعلية في جسد المسيح؟

8. هل هناك أي مشاكل في عائلتك الأرضية تحتاج إلى التعامل معها؟

ملاحظات:

دائرة النفوذ:

عندما جئت إلى كنيسة كالفري المعمدانية في عام ١٩٩٥ كانت منزلا منقسما. لم تتواصل الخدمة المعاصرة مع الخدمة التقليدية وبعض مسؤولي الكنيسة قال حرفيا، "من هم هؤلاء الناس وماذا يفعلون في كنيستنا؟" زارت جارتي المسنة وأمها خدمة الأحد. شاركتني في وقت لاحق حيث كانوا يجلسون قبل الخدمة عندما اقترب منهما إثنان من كبار السن وقالا لهما: "أنتم في مقاعدنا". كنت في حالة صدمة.

أحد مديري فريق الإنشاد أخبرتني أنه تم تغيير ثلاثة قساوسة وسيكون هذا شأني أيضا. يوم الأحد الناس صرخت في وجهي من المقاعد. عندما أغلقنا مدرسة مليئة بالديون، رفع رجل قبضته وهاجمني ثلاث مرات في اجتماع عام. اتخذ ابني موقفا إلى يساري ومايك بويد، أحد أعضاء مجلس إدارتي اتخذ موقفا على يميني. لا أشارك هذه القصص لأسبب الحزن أو أهاجم الكنيسة. لكني أعرف أن بعضكم في حالات صعبة للغاية. يدفع بعضكم ثمن اتباع المسيح في دائرة نفوذهم أو كنيستهم أو وظيفتهم أو حتى في المدينة. قد تكون الراعي أو قائد آخر.

أريد أن أشجعكم بالكلمات التي تحدث بها إليَّ خادم المنطقة حول عام ١٩٩٨. وقال: "لقد استبعدت هذه الكنيسة عدد من الرعاة. أنت في حاجة للوقوف والقتال. "نحن ننسى أننا في حرب. السيد المسيح أخرج الشياطين، وواجه رئيس الكهنة، ورفض الانحناء للملوك. أريد أن أشجعك على أن تكون لطيفًا، وديعا، صريحًا، متواضعًا، وفاديًا بقدر ما تستطيع. لا تكن قبيحا أو متكبرًا أو غبيًا. لكن قف باسم يسوع المسيح عندما يجب عليك. تكلم بالحقيقة إلى السلطة إذا لزم الأمر. إذا دعاك الله لقيادة رعيته لا تسمح لسلطات الجحيم بمطاردتك. اتبع قواعد متي ١٨ في الأسرة، دائرة النفوذ، والكنيسة. تكلم الحقيقة بحب. تب عندما تخطأ. اغفر عند الضرورة.

أدعو الله يستخدمك أنت والبداية السريعة كعامل للشفاء في دائرة نفوذك. المسيح يحب جسده الكنيسة. أنت عروسه. افعلوا كل ما بوسعكم للوقوف في الحقل وجمع حملان الله معًا. إنها ليست دائما سهلة. لكن هذا هو الصحيح.

فكرة واحدة أخيرة. يقول يسوع إذا كان لديك شيء ما ضد شخص ما اترك هديتك عند المذبح واذهب لتتصالح معه. كما يقول إذا كان لدى شخص ما شيئًا ضدك فإن المبدأ نفسه ينطبق. هذا يخبرني أنه يريدنا أن نبدأ الشفاء كلما أمكن ذلك. قد تكون هناك ظروف لا تكون فيها آمنة أو حكيمة أو قانونية. لكن مبدأنا الأساسي يجب أن يكون المصالحة، ويجب علينا أن نفعل ذلك الآن.

البداية السريعة – درس ١٦

"النموذج"

تأمل:
من الصعب تصديق أنك بدأت الدورة الأخيرة للبداية السريعة. أدعو أن العمل الذي أنجزته أنت ومرشدك قد أثار إيمانك وتفهمك. أدعو لكم ولمعلمكم أن تكونوا قد انتقلتم تحت سطح المسائل الحياة بكثير وبدأتم صداقة عميقة وطويلة الأمد! والأهم من ذلك، لقد صليت أن الأشهر الماضية قد عمقت علاقتك مع يسوع المسيح. أدعو الله أن يثير شغفًا جديدًا بالحياة والخدمة في أعماق روحك. استمر في رحلتك واستمر في النمو. الله وحده يعلم كل ما لديه لك!

المقدمة:
يعلمنا الكتاب المقدس أنه في العهد الجديد اجتمع أتباع المسيح في مجموعات كبيرة ومجموعات صغيرة ووجهاً لوجه. بدأ هذا النمط في العهد القديم ويستمر اليوم. في هذه الجلسة، ستقوم باستكشاف الأسس التوراتية لما أسميه الاحتفال ومجموعات الحياة والإرشاد. سوف تكتشف لنفسك الأسس التوراتية لجميع أحجام الخدمة الثلاثة. يمكن أن تعطيك هذه الجلسة أساسًا رائعًا لإعداد نموذج الخدمة الفعال. ملاحظة: أثناء العمل في هذا الدرس، يرجى احترام نموذج الخدمة في الكنيسة التي تحضرها. أعطي احتراما كبيرا للراعي وكبار الخدمة. ناقش ما تتعلمه معهم، لكن لا تحاول أبداً العمل من حولهم، أو ضدهم. أطع سلطتهم الشرعية طالما أن الله يدعوك إلى تلك الهيئة. لا تتمرد من فضلك. تذكر أن يسوع قادر للغاية على قيادة كنيسته.

آية رئيسية للحفظ والتأمل: أعمال ٢: ٤٦

وَيُدَاوِمُونَ عَلَى الْحُضُورِ إِلَى الْهَيْكَلِ يَوْمِيّاً بِقَلْبٍ وَاحِدٍ، وَيَكْسِرُونَ الْخُبْزَ فِي الْبُيُوتِ، وَيَتَنَاوَلُونَ الطَّعَامَ مَعاً بِابْتِهَاجٍ وَبَسَاطَةِ قَلْبٍ

درس:
الكنيسة ليست بناء. إنها ليست مجموعة من الغرباء يجلسون في غرفة كبيرة وتحدق في مؤخرة رأس شخص ما. إنها أكبر من شخص يتحدث أو مجموعة صغيرة من الناس يغنون. جسد المسيح هو ماسة متعددة الأوجه حيث جميع الأجزاء تلمع بنور المسيح في عالمهم. الاحتفال، مجموعات الحياة، والإرشاد تزود المؤمنين بفرص ممتازة لاستعمال هدايا الله الممنوحة لهم كأعضاء في جسد المسيح.

تذكر تصفية الأسماء التي استخدمها من خلال شبكة الكنيسة المحلية والقيادة. الأسفار المقدسة، والمبادئ التي تعلمناها، هي الشيء المهم. لا الأسماء التي نختارها للاتصال بأجزاء أو أحجام مختلفة من الخدمة.

تعريفات:
هذه ليست تعريفات كاملة. هم ببساطة نقط بداية للمساعدة في توجيه مناقشتنا. تعكس الأسماء التي استخدمها الكنيسة التي خدمتها. إذا كنت تحضر كنيسة محلية فمن المحتمل أن يكون لديك أسماء مختلفة للمجموعات ذات الأحجام المختلفة التي تقابلها. الأسماء التي نستخدمها ليست مهمة. الأسس الإنجيلية الأساسية لما نفعله حاسمة.

الاحتفال هو عبارة عن مجموعة كبيرة حيث يتجمع المؤمنون والباحثون لسماع كلمة الله، والأناشيد المغنية والصلاة. إنه تجمع حيث يعطي للناس "مقدمًا" غالبية التعليمات والتوجيهات. هناك أوقات قد يقود الروح الجسم للرد بطريقة خاصة. ومع ذلك، هناك شعور عام بالمنح من جانب القادة والتلقي من جانب الشعب. إنه شعب الله يعطي عبادته الجماعية. فالتواصل والرقص والفنون والدراما ووسائط الإعلام المتعددة ليست سوى بعض الطرق التي يمكن بها للقادة أن يدفعوا المصلين إلى الله.

مجموعات الحياة هي أماكن يلتقي فيها المؤمنون والباحثون لمواجهة ما تصفه أعمال ٢: ٤٦. كرس جميع المؤمنين أنفسهم للتعليم من الرسل، والزمالة، وتقاسم وجبات الطعام (بما في ذلك العشاء الرباني)، والصلاة. مجموعات الحياة لديها الراعي / الزعيم الذي يرشد المجموعة. كل مؤمن موجود هو عضو موهوب في الجسد. يستخدم كل مؤمن مواهبه من أجل الصالح العام. تجري دراسة الكتاب المقدس، لكن مجموعات الحياة أكثر بكثير من دراسة الكتاب المقدس حيث يتحدث شخص واحد ويستمع الجميع. يتم الترحيب بالباحثين وتشجيعهم على المشاركة والتساؤل بعمق. مجموعات الحياة هو مكان لتفريغ المعلومات المكتسبة في الإحتفال. حيث يميل الاحتفال نحو العرض، فإن مجموعات الحياة تدور حول التفاعل والتطبيق.

الإرشاد هو المواجهة وجها لوجه عندما يتباطأ الأشخاص المشغولون ويتواصلون ويبحثون بشكل أعمق. البداية السريعة نقطة بداية في الرحلة. عند اكتمال البداية السريعة، يمكن للمرشد والتلميذ تحديد ما تقرأه أو تدرسه بعد ذلك. ومن المأمول أن تتحول العلاقات الإرشادية إلى صداقات روحية طويلة الأمد: "يستمر الحديد في شحذ الحديد." صلاتي هي أن أرى التلميذ يفوز بأرواح للمسيح وأتباع المسيح يقدمون ويتكاثرون. بعض الأشياء آمنة للمناقشة في الاحتفال. يمكنك الذهاب للعمق قليلا في مجموعة الحياة. أي موضوع أو اعتراف أو مناقشة هي لعبة عادلة في التوجيه، طالما أن الطرفين يتفقان على متابعة المحادثة. ولا أحد على الإطلاق يشعر بانتهاكه.

ملحوظة:
من الأهمية بمكان أن يكون نموذج الخدمة الذي تتبعه متجذراً في الكتاب المقدس. ليس لدينا رغبة في اتباع نموذج من صنع الإنسان. نحن لا نسعى لأن نكون "حكماء في أعيننا". لقد أتتني سنوات الدراسة والتأمل إلى هذه النقطة. لهذا السبب، سوف تبحث في عدد كبير من الآيات المقدسة الرئيسية من العهدين القديم والجديد. شغفي هو أن أطلعكم على الأسس التوراتية للاحتفال، ومجموعات الحياة، والإرشاد.
اشرب بعمق من هذه المقاطع. اقرأها، ادرسها، وتأمل فيها. إطلع على التعليقات واستكشفها. إنه أملي وصلاتي أن يستخدم الله كلمته في أن يدعوك إلى حياة الاحتفال ومجموعات الحياة والإرشاد.
إذا كانت كنيستك أو مصلتك أو مجتمعك الإيماني لا يحتفل به في الوقت الحالي، ولا مجموعات حياة، أو إرشاد، أصلي أن هذه الآيات تكون العامل المساعد الذي يساعدك على جلب الثلاثة إلى الوجود. أنا أيضا متاح للمساعدة في أي من هذه المجالات.

1. ماذا تخبرك الآيات التالية عن الاحتفال؟
اختار المبادئ والنتائج الهامة للعبادة الجماعية!

أ. تثنية ٣١:٩-١٣ ____

____

ب. يشوع ٨:٣٤-٣٥ ____

____

ت. نحميا ٨:١-٣ ____

____

ث. نحميا ٩:١-٤ ____

____

ج. ٢ أخبار ٧:١-٤ ____

____

ح. عزرا ٦:١٦-١٨ ____

____

خ. متي ٥:١ ____

____

د. متي ١٣:٢ ____

____

ذ. أعمال ٢:١ ____

____

ر. أعمال ٢:١٤ ____

____

أنظر في القائمة أعلاه. ما هي العناصر أو الأنماط الشائعة التي تلاحظها؟
ما الذي تراه يحدث في كل من العهدين القديم والجديد؟

____

____

____

٢. ماذا تخبرك الآيات التالية عن التجمعات ذات حجم مجموعة الحياة؟
ابحث عن أي أنماط أو موضوعات عامة. دون الأرقام والعلاقات بين الناس المذكورة.

أ. تكوين ٧:١٣ (هذه وحيدة في نوعها) ____________________________

____

ب. خروج ١٨:٢٥ ____

____

ت. ٢ ملوك ٢:١-٥ ____

____

ث. ٢ صموئيل ٢٣:١٨-١٩ ____________________________________

____

ج. موقا ٦:١٢-١٣ ____

____

ح. مرقس ٤:١٠ ____

____

خ. أعمال ١١:١١-١٤ ____

____

ما هي المواضيع المشتركة التي تراها في العهد القديم والعهد الجديد؟

____

____

____

٣. ماذا تقترح الآيات التالية حول التوجيه؟
مرة أخرى، ابحث عن الأنماط والمواضيع المشتركة.

أ. خروج ١٧:١٢ ______________________________

____

ب. خروج ٢٤:١٢-١٤ ______________________________

____

ت. ٢ صموئيل ٢٣:٨-١٧ ______________________________

____

ث. ٢ ملوك ٢:١-٥ [لاحظ هذه الآية نفسها في مجموعة الحياة والتوجيه.]

____

____

ج. متي ١:١٧ ______________________________

____

ح. متي ٣٧:٢٦ ______________________________

____

خ. مرقس ٣٧:٥ ______________________________

____

د. مرقس ٣:١٣ ______________________________

____

ذ. ١ تيموثاوس ١:١-٢ ______________________________

____

ر. تيطس ١:١-٤ ______________________________

____

٤. في نموذج كنيسة الخلية، الاحتفال هو للمعلومات ومجموعات الحياة للتطبيق. تحقق من هذا المبدأ في الممارسة خلال وقت عزرا.

ما الذي يحدث في الاحتفال؟ نحميا ٨: ١-٦

____

____

____

ب. ما الذي ترى في أفعال القادة يشبه مجموعة الحياة؟
نحميا ٨: ٧-١٢

ملاحظة إلى القائد أو الواعظ:

أحب القيام بملاحظات الحياة. قد يعطوني الفرصة لإضافة الكتاب المقدس، والأفكار، والقصص، ونقاط التدريس التي لم أتمكن من إدخالها في وقت العظة المخصص. ملاحظات الحياة هي المكان المثالي لوضع "مسارات الأرنب". عندما أكتب "ملاحظات الحياة" أسأل نفسي، "ما الذي أريد أن يتذكره الناس أو يتكلمون عنه أو يتصارعوا معه أو يطبقونه من الرسالة؟" افعل سؤال وجواب مع أفراد من الجماعة. هناك قوة مزدوجة في ملاحظات الحياة بالإضافة إلى العظة. بالإضافة إلى ذلك، في أي وقت تقوم فيه بمراجعة ومناقشة هذه المواد، يرتفع معدل الذاكرة والتطبيق. حاول ذلك، قد ترغب في ذلك!

ت. ما هي النتيجة في نحميا ٨:١٢

فَمَضَى الشَّعْبُ كُلُّهُ لِيَأْكُلَ وَيَشْرَبَ وَيَبْعَثَ بِأَنْصِبَةٍ وَيَحْتَفِلَ بِفَرَحٍ عَظِيمٍ، لأَنَّهُ فَهِمَ نَصَّ الشَّرِيعَةِ الَّتِي عَلَّمُوهُ إِيَّاهَا

5. أعمال ٢: ٤١-٤٧ هي من آيات كلاسيكية من العهد الجديد لوصف نموذج خلية الخدمة. أحص كل جزء من الآية. احتفظ بالكتاب المقدس الذي تقرأه من أجل الاحتفال ومجموعات الحياة والإرشاد في الاعتبار. ما هي المفاهيم والمبادئ الرئيسية التي يمكنك العثور عليها في أعمال الرسل؟

[ملاحظة: هذه ليست أسئلة خدعة. فقط حدد ما هو موجود.]

فَالَّذِينَ قَبِلُوا كَلامَهُ مِنْهُمْ تَعَمَّدُوا. وَانْضَمَّ فِي ذَلِكَ الْيَوْمِ نَحْوُ ثَلاثَةِ آلافِ نَفْسٍ

وَكَانَ الْجَمِيعُ يُدَاوِمُونَ عَلَى تَلَقِّي تَعْلِيمِ الرُّسُلِ، وَعَلَى حَيَاةِ الشَّرِكَةِ، وَكَسْرِ الْخُبْزِ، وَالصَّلَوَاتِ

وَلَمَّا أُجْرِيَتْ عَجَائِبُ وَعلاَمَاتٌ كَثِيرَةٌ عَلَى أَيْدِي الرُّسُلِ، اسْتَوْلَتِ الرَّهْبَةُ عَلَى كُلِّ نَفْسٍ

وَكَانَ الْمُؤْمِنُونَ كُلُّهُمْ مُتَّحِدِينَ مَعاً، فَكَانُوا يَتَشَارَكُونَ فِي كُلِّ مَا يَمْلِكُونَ،

وَيَبِيعُونَ أَمْلاَكَهُمْ وَمُقْتَنَيَاتِهِمْ وَيَتَقَاسَمُونَ الثَّمَنَ عَلَى قَدْرِ احْتِيَاجِ كُلٍّ مِنْهُمْ،

وَيُدَاوِمُونَ عَلَى الْحُضُورِ إِلَى الْهَيْكَلِ يَوْمِيّاً بِقَلْبٍ وَاحِدٍ، وَيَكْسِرُونَ الْخُبْزَ فِي الْبُيُوتِ، وَيَتَنَاوَلُونَ الطَّعَامَ مَعاً بِابْتِهَاجٍ وَبَسَاطَةِ قَلْبٍ،

مُسَبِّحِينَ اللهَ، وَكَانُوا يُلاَقُونَ اسْتِحْسَاناً لَدَى الشَّعْبِ كُلِّهِ. وَكَانَ الرَّبُّ، كُلَّ يَوْمٍ، يَضُمُّ إِلَى الْكَنِيسَةِ الَّذِينَ يَخْلُصُونَ.

استنتاج:

هناك جذور توراتية عميقة للاحتفال، ومجموعات الحياة، والإرشاد. هم آلاف السنين من العمر. شعب الله لديه تاريخ رائع من التجمع في مجموعات كبيرة. المجموعات الصغيرة هي جزء من النمط القديم. تاريخياً استخدم الله شكلاً من أشكال التوجيه الشخصي من أجل إعداد قادته المختارين لخدمتهم. أعطى يسوع المسيح أفضل وقته واهتمامه لتدريب بطرس ويعقوب ويوحنا.

وأنت تعد لاستكمال البداية السريعة
اعزم على الإلتزام مدي الحياة إلى:

الاحتفال، مجموعات الحياة، الإرشاد،
دراسة الكتاب المقدس، الصلاة، الخدمة والمواساة،
والكرازة لدائرة النفوذ.

تحدث مع معلمك أو الراعي أو القس حول فرص الخدمة في كنيستك. لا يوجد شيء أكثر إثارة للقس من كونه عضوًا حيًا يسأل عن كيفية المشاركة والتقديم. ثق في الله للخطوة التالية في رحلتك. كن منفتحًا على إمكانية أن تصبح راعيًا وترأس مجموعة حياة. كن منفتحًا لمشاركة إيمانك مع الأشخاص الموجودين في دائرة النفوذ عندما يمنحك الله الفرصَة. كن منفتحًا على استخدام الهدايا التي منحها الله لك بالفعل. كن منفتحًا لاكتشاف الهدايا غير المعروفة التي وضعها الله بالفعل داخلك ولكن لم يتم تنشيطها بعد. كن مستعدًا لقيادة شخص آخر من خلال البداية السريعة.

فكرة:

أنا حقا أشيد بما أكملته. استخدم ما تعلمته كنقطة انطلاق للأمام. تحدث إلى معلمك حول الكتاب أو الدراسة أو الموضوع الذي ترغب في استكشافه بعد ذلك. صلي من أجل الشخص الذي قدمه لك الله لتقوده من خلال البداية السريعة. تحدث إلى زعيم مجموعة الحياة الخاص بك حول إمكانية أن تصبح متدربًا. أخبر قسيسك إذا كنت تشعر بالدعوة إلى خدمة مهنية. لا تتوقف الان. أحبك. أنا فخور بك. لا أستطيع الانتظار لرؤية ما سيفعله الله من خلالك وأنت تواصل اتباعه.

يرجى مشاركة ما يقوم به الله في حياتك. أنا أحب سماع ذلك. راجع البداية السريعة في Amazon.com، أرسل لي شهادتك بالبريد الإلكتروني، أو أرسل لي عملك الفني الممسوح ضوئيًا بالبريد الإلكتروني. أذكر ولايتك أو بلدك. من المثير أن نسمع ما يفعله الله وأين تذهب البداية السريعة. وهي حاليا في الهند والكونغو الأفريقية. يتم بالفعل ترجمتها إلى الإسبانية والسواحيلية. أنا أعمل على الفرنسية والصينية.

البداية السريعة – درس ١٥

"النموذج"

تسجيل الدخول:
هذه هي جلسة التوجيه الأخيرة من البداية السريعة. لقد قمت أنت ومرشدك برحلة مهمة معًا. من المحتمل أنكم كنتم معًا خمسة أو ستة أشهر. خذ بعض الوقت للاحتفال بما أنجزته. شارك وجبة. تناول بعض الحلوى الجيدة. يجب أن يتضمن جزء من مناقشة اليوم المكان الذي سوف تنتقل إليه بعد ذلك. أصلي أنت الآن تقوم بتوجيه شخص آخر. إذا لم يكن كذلك، فإنني أدعو معلمك أو الراعي أو القس أن يساعدك في تحقيق ذلك. يجب عليك أنت ومرشدك مناقشة الخطوة التالية. قد تشمل قراءة ٨-١٥. اكتشف هداياك الروحية، أو الأمل بعد الخيانة: الشفاء عندما يغزو الإدمان الجنسي زواجك من صديقتي العزيزة ميج ويلسون. أنا أثق في أن يقودك الله. أنا واثق من أنك ستتخذ الخطوة التالية بجرأة في رحلتك الروحية.

بدء المناقشة:
١. ما هي الأنماط التي تراها في قسم الاحتفال؟

٢. ما هي الأنماط التي تراها في قسم "مجموعات الحياة"؟

٣. ما هي الأنماط التي تراها في الأقسام المتعلقة بالإرشاد؟

٤. قارن ذلك بحياتك الخاصة.

أ. هل أنت مخلص في الاحتفال؟
_____
_____

ب. هل أنت مخلص في مجموعة حياة؟
_____
_____

ت. هل أنت مخلص في الإرشاد؟
_____
_____

٥. هل تشارك على ما تعلمته مع شخص آخر؟
_____
_____

أ. هل تدعو دائرة نفوذك للإحتفال ولمجموعة الحياة؟
_____
_____

ب. هل فكرت أن تتدرب في مجموعة حياة؟
_____
_____

ت. هل أعطاك الله شخصا آخر لتدربه؟
_____
_____
_____

٦. ماذا تخطط أنت ومرشدك للدراسة بعد ذلك؟ تذكر: البداية السريعة هي مجرد بداية، أو تنشيط! استمر، واصل النمو!

ملاحظات:

دائرة النفوذ:

رائع. لقد أقمت في الدورة وانتهيت من هذا الجزء من سباقك. أدعو أن تكون الأشهر الماضية قد أثرت عليك وعلى دائرة نفوذك. أصلي أن تكون رحلتك قد أرسلت تموجات ضخمة لدائرة نفوذك. إذا لم تكن قد قمت بتوجيه شخص آخر فعليك أن تقدم نفسك إلى معلمك أو مدربك أو قسك. وأعلن، "ضعني في التدريب، أنا مستعد للعمل".

بعد ستة عشر أسبوعًا من الدراسة والاجتماع، ستحصل على الأدوات التي تحتاجها لمساعدة شخص آخر على بدء رحلته مع يسوع ورحلته إلى التلمذة المسيحية. عندما يفتح الله الباب، أدعو يمنحك الشجاعة والثقة والتواضع للدخول. ليس هناك فرح أكبر من مشاهدة شخص آخر يأتي إلى المسيح وينمو في عقيدته. تذكر كلمات آندي ستانلي. "لست بحاجة إلى ملء كوب شخص آخر. الله يطلب منك فقط تفريغ الكوب الخاص بك".

بارك الله في رحلتك
ويستخدمك في بناء ملكوته المذهل.

أنا أحبك وسأواصل الصلاة من أجلك،
القس بول

صلاة:

الله سبحانه وتعالى:
أقبل يسوع المسيح الناصري
كربي ومخلصي.

أنا أقبل الله كأبي السماوي.

أدعو الروح القدس أن يأتي في حياتي،
ويكون مدرسي، وموجهي، ومديري، ومريحي.

أقدم جسدي وعقلي وروحي ومواردي
إلى المسيح ومملكته.

أرجو أن يقودني الرب، ويرشدني،
ويوجني، ويحميني.

أريد أن أذهب إلى حيث يريدني أن أذهب،
أقول ما يريدني أن أقول،
افعل ما يريدني أن أفعل،
وأكون رجل أو امرأة الله
كما دعاني أن أكون.

نجّني من قوى الشر في هذا الزمن،
واستقبلني في ملكوتك السماوي الأبدي
عندما تنتهي رحلتي الدنيوية في هذا العالم.

بإسم يسوع المسيح القوي والثمين

آمين

نبذة عن المؤلف:

ولد الدكتور بول م. راينهارد في فورت. سيل، أوكلاهوما في عام ١٩٥٥. وعائلته سرعان ما عادت إلى جنوب كاليفورنيا حيث ترعرع وأمضى شبابه. تخرج من جليندايل الثانوية في عام ١٩٧٣ وانضم إلى الجيش الأمريكي في ١ أبريل ١٩٧٤. كذبة أبريل!

أمضى السنوات الأربع التالية في التدريب والخدمة. كان على في مجموعة القوات الخاصة السابعة أ-٧٣٢، وفي مجموعة القوات الخاصة الخامسة أ-٥٩٥. تخرج بول من مدرسة هالو للمظلات والقوات الخاصة لعمليات تحت المياه. حضر فريقه مدرسة الغابات في بنما، والعمليات الجبلية في بورتوريكو، والتدريب في فصل الشتاء في ألاسكا خلال شهر يناير. خلال موسمه الأخير من الخدمة، عمل فريقه وتدرب على (تدمير الذخائر الذرية الاستراتيجية). تم إلغاء سرية هذا الجزء من تدريبه مؤخراً فقط من قبل الجيش الأمريكي.

في حين أن بول حصل على تصريح أمني على المستوى النووي خلال النهار كان هو وأصدقائه مواظبون على الحفلات ليلا. في صيف عام ١٩٧٧ حياة بول المجنونة وصلت إلى نقطة القرار. من خلال العديد من الفرص والأحداث دعا الرب يسوع بول من نمط حياته الخاطئة إلى الكنيسة.

في عام ١٩٧٨، تم تسريح بول من الجيش وعاد إلى جليندايل، كاليفورنيا. التقى وتزوج كارين لويز مادوكس. كان يحضر كلية الكتاب المقدس عندما علموا أن كارين حامل بطفلهم الأول. كان بول بحاجة إلى وظيفة فتقدم بطلب، وقُبل في إدارة شرطة جليندايل. ولد كريس في ٥ يوليو ١٩٨٠ قبل أيام قليلة من تخرج بول من أكاديمية الشريف في لوس انجليس، الدفعة ٢٠٠.

في حين دفع مركز البوليس في جليندايل الفواتير، كان قلب بول ودعوة الله نحو الخدمة. على مدى السنوات القليلة التالية باع بول السيارات، وعمل في صيانة البساتين، وتخرج في نهاية المطاف من جامعة أزوسا باسيفيك ونال بكالوريوس في الأدب الإنجيلي. ولدت ابنته جنيفر في ٢٠ يوليو ١٩٨٣، بينما كان بولس لا يزال طالباً. تخرج في عام ١٩٨٥.

بدأت الأسرة ٠دمة الشباب في كنيسة سنلاند المعمدانية. واصل بول الدراسة في كلية فولار. في عام ١٩٨٨ انتقلت الأسرة إلى فريزنو وواصل بولس الدراسة في جامعة كاليفورنيا اللاهوتية ليلا. عمل نهارا في باور بورست كمدير للأحداث الخاصة. في عام ١٩٩٢ انتقلت الأسرة إلى وودزتاون، نيوجيرسي وقضى بول جزء من الوقت كقس الشباب في الكنيسة المعمدانية الأولى وطالب في الخدمة المعمدانية الشرقية اللاهوتية، والآن تسمى خدمة بالمر. تخرج بول

في عام ١٩٩٤. في عام ١٩٩٥ قبل بول الدعوة إلى كنيسة كالفري المعمدانية الجمجمة في سان برناردينو، كاليفورنيا حيث كان يخدم لمدة واحد وعشرين عاما.

قضى بول وكارين واحد وعشرون عاما يقود الكنيسة حتى تغيير الاسم إلى نورث بوينت، حريق متعمد كلفنا ملايين الدولارات، شركة التأمين افلست، إعادة البناء، وبقاء الديون. واستمروا في توجيه الكنيسة المعمدانية التقليدية من خلال التغييرات في العبادة، والدستور، والعضوية. اليوم الكنيسة موحدة، متنامية، وتلتمس إرادة الله لمستقبلها تحت قيادة ممتازة من ابنهم كريس!

في عام ٢٠٠٨ بدأ بول دراسة الدكتوراه في برنامج الخدمة اللاهوتية في كلية البوابة الذهبية، الآن كلية البوابة. كان له شرف الوجود في خلية فوج الكنيسة بقيادة الدكتور رالف نيجار الابن على مدى السنوات الثماني الماضية شدد الله تركيز بول. بول احتضن المجموعات الكبيرة وأحب مجموعات الحياة. ومع ذلك، فهو يعتقد أن تجربة وجه لوجه هي التي تحول الحياة، تشكل الشخصية، وتعد القادة.

بول وكارين يحبون الحياة مع أطفالهم كريستوفر وجنيفر، أزواجهم شانون وجيرمي، وأحفادهم الستة أشلي، زوي، هانا، لوقا، نوح، والمشغولة ليزي.

في سن الحادية والستين من العمر بول يشعر أنه مباركا جدا، على قيد الحياة ويتسائل عن السنوات الأربعين المقبلة! إذا كان بول يمكن أن يخدمك أو يخدم كنيستك، أو يصلي، أو يخدم عن طريق التحدث، والحلم، والتدريب، والتوجيه، أو الصلاة يرجى التواصل كالآتي.

تلفن أو رسالة خطية للرقم:
٩٠٩-٨٥٥-٩٦٩٥

بريد إلكتروني

PaulMReinhard@Gmail.Com

1-909-855-9695

صلوات وملاحظات:

صلوات وملاحظات:

صلوات وملاحظات:

صلوات وملاحظات:

www.ingramcontent.com/pod-product-compliance
Lightning Source LLC
Chambersburg PA
CBHW081015040426
42444CB00014B/3216
* 9 7 8 0 6 9 2 1 3 6 7 4 4 *